중동
아프리카 경제 자료집 III

1993~1996

중동

아프리카 경제 자료집 Ⅲ

1993~1996

주 동 주 지음

한국학술정보(주)

이번에 한국학술정보(주)를 통해 발행되는 중·남 아프리카 경제 자료집 1, 2, 3권은 필자로서는 전혀 기대하지 않았던 의외의 선물이다. 여기에 실리는 글들은 필자가 국책연구기관인 산업연구원(KIET)의 연구원으로 근무하면서 여기저기 기고했던 단편적인 글들과 개인적으로 그냥 써두었던 간단한 원고들을 모아서 묶은 것이다. 이 글들을 묶은 것은 벌써 10여 년 전으로 기억된다. 필자가 영국 유학을 떠날 즈음에 그동안 썼던 글들을 개인적으로 보관해두기 위해 원고를 모아 제본해 두었던 것이다. 그래서 이번에 나오는 자료집은 1996년 시점의 글까지만 담겨 있다.

10여 년의 세월이 흐르는 동안 이 글들을 바로 출판한다는 생각은 전혀 못하고 그냥 보관만 하고 있었는데, 이번에 뜻밖에도 한국학술정보 측에서 필자의 박사논문을 출판하면서 다른 원고들도 함께 출판해 주겠다는 제의를 해왔다. 모아놓은 글이 많다 보니 출판사 측에서 모두 세 권으로 나누어 출판을 하게 되었다. 그림에도 지금 보니 출판사 측에 건네지 못해 빠진 글들이 많아 개인적으로는 아쉬운 느낌이 들기도 한다. 과한 욕심이라 해야 할 것이다.

한국에서 중동이나 아프리카를 연구하는 사람이 많지 않은 사정임에도 이런 책을 출판하기로 결정해준 한국학술정보사에 감사드린다. 여기에 실린 글들은 최소한 10년 이상 지난 내용이라 지금 상황에 맞는 시의성이 있는 글은 아니다. 그러나 중동과 아프리카 지역에서 발생했던 경제적 사건들을 지금 시점에서 다시 한번 살펴보는 데는 매우 유익한 자료가 될 것으로 기대한다. 일관된 주제로 기획해서 쓴 책이 아니고 개인적인 글 모음이다 보니 다양한 글이 섞여 있는데, 나름대로는 모두 의미가 있으리라 생각한다.

　워드프로세서가 없던 시절에 썼던 글들이 대부분이라 복사해서 보관해온 것을 이렇게 깨끗하게 새로 출판해준 출판사의 성의에 다시 한 번 진심으로 감사드린다. 모쪼록 이 책들이 관심 있는 분들에게 조그만 유익이라도 된다면 필자로서는 매우 행복할 것이다.

2007년 11월 홍릉의 산업연구원에서
주동주

차 례

클린턴의 對이라크 정책과 한국經濟

—禁輸조치 해제되면 '제2의 中東特需' 온다—

클린턴의 對이라크 정책은 전임자의 정책기조를 존중하되 그동안의 제재조치는 단계적으로 완화시켜 나갈 가능성이 크다. 클린턴의 對이라크 정책의 변화방향과 그것이 한국경제에 미치는 영향을 심층 분석한다.

금년 1월 14일 퇴임을 불과 일주일 앞둔 미국의 부시 대통령은 전격적으로 이라크에 대한 공격명령을 내렸다. 걸프전 발발 2주년 만에 다시 재개된 대이라크 공습은 미국·영국·프랑스의 세 나라 공군기가 합동으로 참가하여 시작되었으나, 이후에는 주로 미국이 단독으로 산발적인 공격을 몇 차례 단행한 가운데 흐지부지 끝을 맺었다.

2년 전의 걸프전쟁은 이라크의 쿠웨이트 침공에 대한 응징이라는 명분을 바탕으로 국제사회의 대대적인 지원에 힘입어 미국이 득의양양하게 승전고를 울릴 수 있었던 데 반해, 이번의 대이라크 공격은 그 명분이나 목적이 별로 뚜렷하지 않았고 국제사회의 반응도 미국에 대해 그렇게 호의적이지만은 않았다.

▪ 국제사회의 곱지 않은 시각

이번 공격의 직접적인 원인은 미국·영국·프랑스 등 세 나라가 걸프전 후 이라크 영공의 북위 32도 이남 지역에 설정한 비행금지 구역을 이라크 공군기가 산발적으로 침범하는 한편 그 지상에 이라크군이 대공 미사일을 배치함으로써 연합국 측의 심기를 건드린 데 있다. 미국은 이라크 측의 이러한 행위가 명백히 미국의 권위에 대한 도전이라고 해석하고, 그동안 이라크가 각종의 UN결의를 제대로 이행해 오지 않은 점을 함께 문제 삼아 이번 공격을 단행한 것이다.

2월 10일 백악관에서 내각회의를 주재하고 있는 클린턴 미국 대통령이 아스핀 국무장관과 귓속말을 나누고 있다.

그러나 이번의 제2차 걸프전쟁을 바라보는 국제사회의 시각은 2년 전과 달리 미국에 대해 별로 우호적이지만은 않았다. 이는 우선 연합국 측이 이라크 영공에 설정한 비행금지 구역이라는 것 자체가 과연 국제법에 부합되는 것인가 하는 의문에서부터, 이라크의 행위가 국제 사회의 무력제재를 필요로 할 만큼 그렇게 위협적인 것이었는가 하는 데 이르기까지 여러 가지 의문이 제기되었기 때문이었다.

이라크의 UN결의 위반이 그렇게 심각한 국제문제라면 어찌하여 미국은 이스라엘의 거듭된 UN결의 위반에 대해서는 그토록 관대한 것인가? 또한 유고사태를 방관하는 미국이 유독 이라크에 대해서만 군사행동을 주저하지 않는 이유는 무엇인가? 이러한 의문들에 대해 미국 측의 논리는 충분한 설명을 해주지 못했으며, 세계 경찰을 자임하는 미국의 행위는 공정하거나 정의롭게 비치지도 않았던 것이다.

어쨌거나 소규모 공습이었던 이번의 걸프전은 1월 20일 부시 대통령의 퇴임과 클린턴 미국 42대 대통령의 취임을 즈음하여 유야무야 끝을 맺었다. 2년 이상 국제사회의 제재조치로 고통을 당하고 있는 이라크는 클린턴의 취임을 전후하여 미국과의 관계개선을 희망하는 유화적인 메시지를 계속 보냈다. 클린턴은 과연 이라크의 메시지를 받아들여 줄 것인가?

앞으로 클린턴의 대이라크 정책이 어떤 방향으로 전개되어 나갈지 전망해 보고, 만약 기존의 정책에서 주요한 변화가 생긴다면 이러한 변화는 우리 경제에 어떤 영향을 끼칠 것인지 살펴보고자 한다. 이는 이라크가 미국과의 관계개선을 통해 국제사회에 복귀하게 될 경우 주요 산유국으로서 국제유기의 변동은 물론 우리의 수출 및 건설진출에도 큰 영향을 끼칠 수 있으리라는 점에서 미리 짚어볼 만한 사안이라 할 것이다.

이라크의 UN결의 위반에 대해서는 강경히 대처하면서 이스라엘의 거듭된 UN결의위반에 그토록 관대한 것인가? 또한 유고 사태를 방관하는 미국이 유독 이라크에 대해서만 군사행동을 주저하지 않는 이유는 무엇인가?

▪ 미국의 이라크 제재 배경

클린턴의 대이라크 정책방향을 예견하기 위해서는 미국이 취해 온 그동안의 정책에 대한 배경을 먼저 이해해야 할 필요가 있다. 미국은 1990년 8월 이라크가 쿠웨이트를 침공하자 신속하게 국제사회의 여론을 동원하여 UN이 전면적으로 이라크에 대한 경제제재 조치를 결의하는 데 주도적 역할을 하였고, 1991년 1월에는 세계 30여 개국의 군대를 모아 이라크를 공격했다. 그 후로도 미국은 지난 2년 동안 UN의 각종 결의를 전면에 내세우며 사실상의 참담한 패전과 경제활동 마비로 곤경에 처한 이라크를 집요하게 추궁했다.

미국이 세계 어느 지역에 대해서보다 유독 이라크에 대해서 이처럼 적극적인 제재조치를 주도해 온 이유는 무엇인가? 그것은 여러 가지로 분석될 수 있겠지만 우선은 무엇보다 이라크의 존재가 서방세계의 주요 석유공급 기지인 중동지역에서 정치적 교란요인으로 작용할 가능성이 컸기 때문이라고 할 수 있다.

중동지역, 그중에서도 특히 걸프만 지역에는 이라크와 쿠웨이트를 비롯하여 사우디아라비아, 이란, 아랍에미리트연합, 카타르, 바레인, 오만 등 주요한 석유수출 국가들이 밀집해 있다. 이 지역의 석유매장량은 사회주의권을 제외한 자유세계의 60% 이상을 차지하는 것으로 추정되며 미국, 일본, EC를 비롯한 세계 대부분의 국가들은 이 지역에서 막대한 원유를 도입하고 있다. 그러므로 걸프만 지역의 정치적 혼란은 바로 세계경제의 엄청난 혼란을 의미한다고 할 수 있다.

그런데 이들 걸프만 지역 국가들은 인구 5천600만 명의 이란과 2천만 명의 이라크, 1천500만 명의 사우디아라비아를 제외하고 나면 나머지 국가들은 각각 인구가 200만 명에도 못 미치는 소국들이다. 이란과

이라크를 제외한 6개 산유국은 1981년부터 사우디아라비아를 중심으로 걸프협력위원회(GCC: The Gulf Cooperation Council)라는 기구를 결성하여 공동안보정책을 도모해 왔으나 사실상 외부세력의 침공에 대해 자체로 방어할 수 있는 능력이 거의 없다. 이는 이라크가 쿠웨이트를 침공하여 4시간 만에 완전히 점령한 사실에서 단적으로 확인된 것이다.

세계의 에너지공급원인 걸프만 지역에서 특히 친서방정책을 취해 온 GCC 국가들의 안보능력이 이처럼 취약하다는 사실은 필연적으로 이 지역에 대한 미국의 개입을 요구하는 상황을 만들어 왔다. 미국은 과거 동서냉전 시절부터 이 지역에 대한 소련의 세력확장을 막아 서방세계의 안정적인 석유공급선을 확보하는 데 주요한 정책목표를 두어 왔다. 그런데 이제는 소련이 없어지자 이라크라는 지역강대국이 걸프만의 안정을 저해하는 세력으로 돌출된 것이다.

▪ 이스라엘 보호가 숨은 목적

미국의 이라크에 대한 제재는 이러한 돌출세력을 제거하여 걸프만의 안정을 회복하고자 하는 시도로 추진되어 왔다. 이는 이라크의 군사력과 경제력을 현저히 축소시켜 다시는 이라그기 이 지역의 질서를 교란하는 세력으로 부각되지 못하도록 함과 동시에 쿠웨이트의 원상회복을 통해 이 지역의 기존질서를 그대로 유지한다는 자업으로 진행됐다.

미국 항공모함 키티호크호에서 이라크 공습에 참가할 '호넷' 전
투기에 미사일을 장착하고 있다.

　미국이 이라크에 대한 제재를 단행해 온 배경에는 지금까지 설명한
이유 이외에도 이스라엘에 대한 보호라는 목적도 작용한 것으로 분석
된다. 미국은 석유공급의 안정을 위해 아랍산유국들과 협력하고 있으
나 기본적으로 중동지역에서 가장 믿을 수 있는 우방국가로는 이스라
엘을 꼽고 있다. 아랍과 이스라엘이라는 이 두 마리 토끼를 모두 놓치
지 않기 위해 미국은 이들 국가의 평화협정을 통한 세력균형을 추진
하고 있는 것이다.

　그런데 이란과의 전쟁을 전후해 막대한 무력을 구축한 이라크가 쿠
웨이트 점령을 계기로 팔레스타인 문제를 거론하면서 아랍민족주의를
선동한 것은 이스라엘은 물론 미국에도 큰 부담이 되었다. 미국은 바
로 이러한 문제 때문에라도 이라크를 적극 제재해야 했던 것이다.

　이 밖에도 미국의 대이라크 제재가 집요하게 장기화된 배경원인의
하나로는 사담 후세인 이라크대통령과 부시 전 미국대통령 간의 누적

된 감정대립도 적지 않게 지적되고 있다. 특히 이번 2차공습의 배경원인 중 하나로 부시가 대통령선거에서 낙선한 날 이라크가 대대적인 기념행사를 벌였던 사실을 지적하는 이야기도 있고 보면 힘을 가진 사람의 개인감정은 국제관계에서 중요한 변수가 된다는 점을 느낄 수 있다.

클린턴은 취임을 전후해 가진 여러 회견에서 이라크 문제에 관해 언급한바 있으나 그의 발언은 다소 추상적이고 원론적인 수준에 머무는 것이었다. 그는 제2차 이라크 공격이 발생하자 부시 대통령의 결정을 전폭적으로 지지하며 지상전의 가능성도 배제하지 않겠다고 말했으나, 한편으로는 사담 후세인과의 관계개선 가능성을 시사하는 듯한 발언을 하기도 해 국내 여론의 빈축을 샀다.

▪ 이라크 제재조치 완화될 듯

클린턴은 개인적으로 볼 때 국제문제에 깊이 관여해 본 경험이 없어 중동지역에 대한 그의 이해는 다분히 제한되어 있다고 할 수 있다. 따라서 클린턴정부의 대중동정책 결정과정에서는 워렌 크리스토퍼 국무장관을 비롯한 정부 관료들과 외부 전문가들의 역할이 더욱 커질 것으로 예상된다.

앞으로 클린턴정부의 대이라크 정책방향이 어떻게 전개되어 나갈 것인지는 좀더 관심을 가지고 지켜보아야 윤곽을 잡을 수 있을 것이다. 그러나 지금까지의 정황으로 미루어 볼 때 일단 당분간은 기존의 정책방향이 그대로 유지되어 나갈 것으로 생각된다. 이는 이번의 2차 공습으로 이라크와의 관계가 더욱 악화된 상황에서 미국의 새 정부가 단기간에 관계개선을 도모하기는 힘들 것으로 보이는데, 미국국민들의 여론 또한 이라크의 강력한 제재를 지지하고 있기 때문이다.

부시 전 대통령이 퇴임을 불과 1주일 앞둔 시점에서 전격적으로 이라크에 대한 재공격을 지시한 것은 새 정부와 이라크의 관계개선 가능성을 미리 차단하기 위한 것이라는 분석도 있다. 부시는 사담 후세인이 물러나지 않은 상태에서 이라크와 관계개선을 도모해서는 안 된다는 입장을 후임자에게 확고히 전달한 것이라 할 수 있다.

따라서 이러한 요인들로 미루어 보면 미국과 이라크의 관계개선은 앞으로도 당분간 상당히 어려울 것으로 전망된다.

이는 미국의 입장에서 보면 사담 후세인의 퇴임이 전제되지 않는 한 이라크에 대한 각종 제재를 해제할 수 없다는 것을 의미한다. 반대로 이라크의 입장에서는 1990년 8월 이후 이라크의 수출입 등 대외활동을 전면 금지시키고 있는 UN의 결의가 앞으로도 당분간 유효하리라는 점을 의미한다.

그러나 이런 가운데서도 클린턴정부의 대이라크 정책은 부시 행정부 때와 비교해서는 훨씬 완화되어 나갈 것으로 예상된다. 이는 그동안의 제재조치로 미국이 기대했던 성과들이 충분히 달성된데다, 여러 가지 여건들이 이라크에 대한 더 이상의 제재를 어렵게 하는 방향으로 전개되고 있기 때문이다.

우선 이라크의 군사력은 1~2차 걸프전쟁 과정에서 상당 부분 파괴되어 이라크가 더 이상 GCC 국가나 이스라엘에 대한 위협세력으로 작용하기는 어렵게 되었다. 또한 최악의 경제난을 겪고 있는 이라크가 과거 수준의 군사력을 회복하기는 그리 용이한 일이 아니게 되었다. 이 점에서 미국의 정책은 이미 의도했던 성과를 충분히 달성한 것이다.

반면 이라크에 대한 제재를 해제하도록 요구하는 여건들은 상당히 현실화되고 있다. 여기에는 이라크가 더 이상 무력화되면 걸프만 지역의 최대강대국이며 미국에 대해서는 이라크 못지않게 적대적인 이란을 견제할 수 있는 세력이 없어진다는 점이 첫째 요인으로 꼽힌다. 과거 이란·이라크 전쟁기간 중 GCC 국가들이 이라크를 적극 지원했던 이유는 이라크가 무너질 경우 GCC 국가들은 이란의 위협 앞에 속수무책일 수밖에 없다는 우려가 작용했기 때문이었다.

이란은 이라크가 철저히 무력화된 지난 2년 동안에 높은 경제성장을 달성하면서 막대한 군비확충 작업을 벌여 왔다. 따라서 미국으로서는 이란의 이러한 움직임을 주목하지 않을 수 없으며, 이라크를 더 이상 무력화시키면 걸프만 지역의 상황이 더욱 복잡하게 전개될 수 있는 가능성도 염두에 두어야 하는 것이다.

다음으로는 그동안의 전쟁과 경제제재 조치로 인해 이라크 국민들이 겪고 있는 고통이 국제사회의 여론을 환기시키고 있다는 점이다. 그린피스 등 여러 국제 민간단체들의 발표에 의하면 걸프전쟁 과정에서 이라크 군인 및 민간인 사망자는 20만 명 선에 달했으며, 전쟁 후유아사망률은 3배 이상 높아진 것으로 알려지고 있다. 식료품과 의약품, 각종 생활물자의 부족으로 2천만 명의 이라크 국민들이 겪고 있는 고통을 감안할 때 미국이 대이라크 제재의 해제에 굳이 사담 후세인의 퇴임을 전제로 해야만 하는가 하는 비판이 따를 것이다.

이상을 종합하면 클린턴의 대이라크 정책은 당분간 전임자의 정책기조를 존중하되 그동안의 제재조치는 단계적으로 완화시켜 나갈 가능성이 크다고 할 수 있다. 특히 클린턴이 사담 후세인에 대해 부시와 같은 사감(私感)을 가지고 있지 않다는 점은 앞으로의 정책결정 과정에 중요한 변수가 될지 모른다.

▪ 對이라크 禁輸해제의 영향

1990년 8월 이라크가 쿠웨이트를 침공하자 세계경제에는 큰 동요가 일어난 바 있다. 당시 국제유가는 배럴당 18달러 선에서 한 달 만에 40달러 이상까지 치솟기도 하였으며, 주요국 통화 간의 환율과 국제 증권시장의 시세도 크게 변하였다. 이와 아울러 우리 경제도 수출과 건설 등에서 적지 않은 피해를 입었으며, 유가상승에 따른 원유도입 비용의 증가로 국제수지가 크게 악화되기도 하였다.

지난 1월20일 이라크 노무자들이 미국의 토마호크미사일 공격
으로 파괴된 한 공장의 잔해를 철거하고 있다

그런데 2년여 전의 사태가 세계경제와 우리 경제에 이처럼 큰 파장을 낳았던 점과 대비해 볼 때 이번의 제2차 이라크 공격이 초래한 반응은 실로 미미한 것이었다. 국제유가는 공격 발표가 있은 당일 잠시 상승세를 보이다 이내 안정되었으며, 주요국의 환율이나 금리, 주식시

세 등도 거의 아무런 변화를 보이지 않았다. 우리 경제 역시 큰 영향을 받지 않았음은 마찬가지이다.

이처럼 이번 사태가 경제적으로 별다른 반응을 일으키지 못한 이유는 지난 2년여 동안 이라크가 UN의 금수조치에 의해 국제사회로부터 철저히 고립됨에 따라 이 지구상에 이라크라는 나라가 마치 존재하지 않는 것처럼 국제경제가 이미 적응되어 왔기 때문이다.

이라크의 석유수출 중단에 따라 모자라게 된 석유공급량은 이미 사우디아라비아와 이란 등의 추가생산으로 충분히 상쇄되고 있으며, 현재 이라크와 정상적인 교역을 하고 있는 나라는 전혀 없다. 우리나라 역시 이라크에 남겨 놓은 건설장비와 8억 달러 정도의 건설공사 잔액에 관련된 문제들이 있기는 하지만 이번 사태로 영향을 받을 만한 일은 거의 없었다.

만약 이라크가 이번 공격에 대응하여 사우디아라비아나 쿠웨이트 또는 이스라엘 등 인근 국가에 대한 보복공격을 할 수 있는 능력을 갖추고 있었다면 상황은 달라져서 세계경제가 큰 영향을 받았을 것이다. 그러나 이미 이라크의 군사력은 크게 약화되어 그런 일은 사실상 불가능하게 되었다. 따라서 이라크가 세계경제에 영향을 주기는 거의 어렵게 된 것이다.

그런데 이제 여기서 관점을 바꾸어 이라크가 UN의 금수조치에서 풀려나는 경우를 가정하면 상황은 다시 달라진다. 이라크는 다시 국제사회에 복귀해 주요 산유국으로서 세계경제에 상당한 영향을 끼칠 것이고, 본격적인 전후복구 사업이 착수로 우리의 대중동 상품수출 및 건설진출 여건에도 상당한 변화를 초래할 것이다.

클린턴 행정부의 대이라크 정책이 부시 행정부에 비해 크게 완화될 소지가 많다고 본다면 이러한 가정은 머지않아 곧 현실화될 수 있는

20

가능성도 있다. 따라서 우리 정부와 업계는 그 경우에 대비해 미리 적절한 대책을 수립해 둘 필요가 있을 것이다.

이라크에 대한 금수조치가 해제되는 경우에 세계경제와 우리 경제가 받을 영향을 생각해 보면 다음과 같은 몇 가지 점을 주요한 것으로 지적할 수 있다.

우선은 이라크의 석유수출 재개로 국제 석유시장에 상당한 변화가 생기고 유가가 하락할 가능성이 크다는 점이다. 이라크는 금수조치 이전에 사우디아라비아에 이은 석유 수출국기구(OPEC)의 2대 산유국으로서 하루 평균 300만 배럴 정도의 원유를 생산했었다. 1989년을 기준으로 보면 이라크가 세계석유공급에서 차지하는 비중은 약 5.6% 정도로 나타나고 있다.

이상을 전체적으로 종합하면 이라크에 대한 금수조치 해제는 대체로 우리 경제에 긍정적인 효과를 가져다줄 것으로 기대된다. 그러나 유가가 하락해서 소득이 줄어드는 여타 산유국에 대해서는 수출과 건설이 위축될 수 있다.

· 우리 경제가 맞은 호기

그런데 이라크는 현재도 이 정도의 석유생산 능력을 그대로 지니고 있는 것으로 알려지고 있다. 알 히티 이라크 석유장관은 최근 이라크의 금년 중 석유생산 목표가 하루 평균 300만 배럴이며, 오는 2000까지는 그 두 배인 600만 배럴을 생산할 계획이라고 발표한 바 있다.

따라서 이라크가 과거의 시장지분을 되찾기 위한 노력을 벌인다면 국제 석유시장은 공급과잉 상태가 야기되어 현재 배럴당 17~18달러의 낮은 수준에 머무르고 있는 유가는 더욱 하락하게 될 것이다. 이 경우 석유소비량 전부를 수입에 의존하고 있는 우리나라로서는 국제수지 개선과 물가하락 등의 효과를 기대할 수 있다.

대이라크 금수조치가 해제되면 대체로 우리 경제에 긍정적 효과를 가져올 것으로 기대된다. 90년 이라크의 쿠웨이트침공 시 대책을 숙의하고 있는 (주)대우 비상대책반.

다음으로는 이라크의 대외무역이 정상화될 경우 연간 100억 달러 내외의 수입시장이 새롭게 형성된다는 점을 들 수 있다. 특히 이 시장은 빠른 속도로 그 규모가 확대될 가능성이 큰 시장이라는 점을 고려하면 우리의 입장에서도 상당한 수출증가를 기대할 수 있을 것이다. 과거의 실적에 비추어 보면 일단 금수해제 초기에 우리의 대이라크 수출은 1~2억 달러 내외가 될 것으로 전망된다.

마시막으로 우리가 기대할 수 있는 분야는 건설수주 확대이다. 금수소치 이선에 우리나라는 이라크에서 총 누계로 65억 달러 규모의 공사를 수주해 온 바 있다. 앞으로 이라크가 본격적인 전후복구 작업을 추진한다면 그동안 침체되어 온 우리의 해외건설 산업도 상당한 특수를 기대할 수 있을 것 이다.

이상을 전체적으로 종합하면 이라크에 대한 금수조치 해제는 대체로 우리 경제에 긍정적인 효과를 가져다줄 것으로 기대된다고 할 수 있다. 그러나 한편으로는 유가가 하락할 경우 소득이 줄어들게 되는 여타 산유국에 대해서는 우리의 수출과 건설이 위축될 수도 있다.

우리는 이러한 효과들을 미리 예측하고 적절한 대책을 세워 치열한 국제 경쟁에서 이겨나가야 할 것이다.

[1993. 3]

中東經濟의 最近 動向과 向後 展望

1. 개 황

中東經濟는 '91年初의 걸프戰 이후 사우디아라비아, 쿠웨이트, 아랍 에미리트聯合 등 GCC(걸프協力委員會) 회원국들의 경제가 크게 활성화되었으나, 이란, 이라크, 알제리, 리비아 등 그 밖의 主要産油國經濟가 對內外的 교란요인으로 인해 크게 위축됨으로써 지역 전체로는 다소 불안정한 움직임을 보이고 있다.

우선 GCC經濟는 걸프戰 이후 쿠웨이트, 사우디아라비아 등의 戰後復舊特需와 각국의 국방강화 계획 및 사회안정 회복을 위한 政府의 재정지출 확대 등에 힘입어 1970年代 중반의 오일 붐 이후 최고의 호황국면을 맞고 있다. GCC 6개국의 경제는 국별로 다소 차이는 있으나 지난 1991~92年 동안에 모두 5~9%씩의 높은 실질성장을 기록한 것으로 추정되고 있으며, 이 같은 성장세는 앞으로도 당분간 이어질 전망이다.

이는 이들 국가의 戰後復舊와 國防強化計劃 등이 모두 中長期的으로 추진되고 있는데다, 경제성장의 견인차 역할을 하는 石油輸出 또한 이라크와 舊蘇聯의 수출 차질 등으로 당분간 유리한 여건이 계속 이어질 것으로 보이기 때문이다. 다만 걸프戰과 관련해서 막대한 戰費를 부담한 사우디와 쿠웨이트는 최근 財政赤字의 심화로 公共支出을 다소 억제할 움직임을 보이고 있으나, 이러한 변화가 景氣에 큰 영향을 줄 것으로는 보이지 않는다.

GCC經濟와 대조적으로 이란, 이라크, 알제리, 리비아 등의 주요 産油國들은 각각 특유한 對內外的 시련을 겪고 있어 경제가 위축되고 있다.

우선 이란은 1988年 對이라크戰 종식 후 한동안 높은 성장세를 보여왔으나, 지난해부터 그동안의 무리한 輸入擴大와 軍備擴張 등의 결과로 심각한 外換不足現狀이 나타나 경제개발에 제동이 걸린 상태이다.

다음으로 걸프戰爭의 主犯이었던 이라크는 UN決議에 따른 全面禁輸措置가 여전히 발효 중인 상태에 있어 石油輸出은 물론 정상적인 경제활동이 사실상 불가능한 상태에 있다.

이 밖에 알제리는 지난해 6月 부디아프 國家元首의 피살로 頂點에 이른 이슬람原理主義者들의 소요로 인한 政情不安이 아직 가시지 않고 있으며, 리비아는 팬암機 폭파사건의 범인 용의자 신병인도 문제를 둘러싸고 지난해 4月부터 UN결의에 의한 部分禁輸措置가 발효되어 역시 정상적인 경제운용이 어려운 상태이다.

한편 이집트와 터키 등도 이슬람原理主義者들의 소요로 인한 政情不安으로 경제운용에 차질을 빚고 있다.

전반적으로 최근의 中東經濟는 GCC經濟가 호황국면에 들어선 반면, 나머지 대부분의 국가들은 經濟外的 요인으로 인해 어려움을 겪고 있는 상태라고 할 수 있다.

아래에서는 사우디아라비아, 이란, 쿠웨이트, 리비아 등 우리와의 經濟協力關係가 큰 주요국을 중심으로 이를 좀더 자세히 살펴보고자 한다.

2. 사우디 아라비아

사우디 經濟는 1991年에 6.6%의 실질성장을 기록한 데 이어 1992年에도 5~6%의 실질성장을 기록한 것으로 추정되고 있어 '90年代에 들이와 이른바 '미니 붐'(mini boom)으로 불리는 이레직인 호황국면을 맞고 있다. 이것은 걸프戰을 전후해 이라크와 쿠웨이트의 原油輸出이 여의치 못한 사정을 틈타 사우디의 産油量이 크게 늘어난 데다, 전쟁 후 사우디政府가 경제안정 심리의 조속한 회복을 위해 대규모 적자예산을 편성하면서 적극적인 경기부양책을 펼쳐온 데 힘입은 것이다.

中東 主要國 實質GDP 成長率 推移 및 展望

單位: %

	1989	1990	1991	1992
사우디아라비아	1.2	12.0	6.6	5.0
이란	4.3	10.1	10.5	5.2
UAE	10.6	5.6	7.5	6.0
이집트	1.1	2.6	2.3	2.8
알제리	3.5	2.7	−0.5	1.9
리비아	3.6	9.9	5.6	−1.0
요르단	−5.7	−5.6	1.0	7.0

資料: WEFA, EIU 등

1991年 이후 사우디의 産油量은 日當 840~850萬 배럴 수준을 계속 유지해 오고 있는데, 이것은 1990年 8月 이라크의 쿠웨이트 침공사태가

있기 이전의 產油量이 日當 500萬 배럴 내외였던 점과 비교하면 무려 70% 가까이 늘어난 수준이다. 이에 따라 사우디의 石油輸出收入도 '80年代 年間 300億 달러 이하에서 1991年부터는 年間 400~500億 달러로 대폭 늘어났다. 사우디政府가 총 600億 달러 내외로 추정되는 막대한 걸프戰費 부담에도 불구하고 그동안 적극적인 경기부양 정책을 펼칠 수 있었던 것은 바로 이 같은 石油收入增加가 바탕이 되었던 것이다.

사우디 經濟는 현재 이라크의 禁輸 등으로 國際石油市場의 需給展望이 自國에 별로 불리하지 않고, 國內投資率이 제고되는 등 經濟 전반의 상승분위기가 이어지고 있어 앞으로도 당분간은 年間 5~6% 내외의 안정적인 성장세를 보일 수 있을 것으로 전망된다. 다만 사우디政府는 지난해 財政赤字가 278億 리얄(74億 달러)에 달함에 따라 향후로는 公共支出을 다소 억제할 방침이나, 모처럼 맞이하고 있는 경제의 호황국면을 위축시킬 정도로 정책기조를 바꿀 것으로는 보이지 않는다.

금년 중 사우디政府의 歲出豫算은 총 1,970億 리얄(526億 달러)로 발표되었는데, 이것은 지난해보다 9% 정도 늘어난 것으로 사우디政府의 경기부양 정책이 톤은 다소 약화되었으나 그 기조는 계속 유지될 것이라는 점을 시사하는 것이다.

한편 1992年中 우리의 對사우디 輸出은 1991年보다 4.0%가 줄어든 9億 4,088萬 달러에 달했는데, 이것은 1991年의 輸出이 前年對比 무려 32.5%나 늘어났었던 점을 고려할 때 대체로 현상을 유지한 것이라 할 수 있다. 또한 우리의 建設受注 역시 지난해에는 1991年보다 2.8%가 줄어들어 2億 9,962萬 달러에 머물렀는데, 이것도 1991年의 建設受注가 그 이전의 지속적인 하락추세에서 反轉되었던 점을 고려하면 일단 현상은 유지된 것이라 할 수 있다.

3. 이 란

이란 經濟는 1988年 8月 對이라크戰의 종식 이후 한동안 높은 성장
세를 보여 왔으나, 지난해 하반기부터 外換不足에 따른 輸入代金 決濟
지연 사태가 표면화되면서 급속히 위축되는 양상을 보이고 있다. 이
같은 輸入代金 결제지연 사태는 이란政府가 의욕적으로 경제개발을
추진하는 과정에서 무리하게 商品輸入을 확대한데다, 軍備擴張을 위해
保有外換을 난기간에 소신한 데서 야기되었다.

1988年 94億 달러에 불과했던 이란의 商品輸入은 1991年 217億 달
러에 이를 때까지 年平均 31.9%의 높은 증가율을 기록하며 빠른 속도
로 확대되었는데, 이는 原油가 主宗을 이루는 商品輸出의 증가율을 훨
씬 웃도는 것이어서 1988年 7億 달러에 불과했던 貿易收支赤字가 1991
年에는 60億 달러로 크게 확대되었다. 또한 지난해에는 이러한 赤字가
더욱 커진 것으로 추정되고 있으며, 결국 이 같은 輸入暴增이 외환위
기를 초래한 主要因이 되었다.

1992年末 현재 이란이 결제를 연기한 輸入代金은 약 35~50億 달러
로 추정되며 이 같은 대규모 지불연기 사태는 이란의 對外信用度를
크게 널이뜨려 향후의 貿易 및 資本去來에 상당히 불리한 영향을 끼
칠 것으로 예상되고 있나. 또한 이란政府는 낭상의 외환부속으로 경제
운용에 차질을 빚고 있어 시급한 戰後復舊作業에도 차질을 빚을 것으
로 보인다.

이란政府는 현재 輸出業者는 물론 IMF와 World Bank 등 국제기구,
그리고 日本, 獨逸 등 先進國政府와노 나삭석인 교섭을 통해 외환위기
를 극복하고자 노력하고 있으나, 그 후유증은 아무래도 장기화될 전망
이다. 더욱이 이러한 외환위기는 라프산자니 大統領政府에 대한 비판

론자들의 발언권을 높여주는 계기가 되고 있어, 이 위기가 무난히 수습된다 하더라도 향후 이란政府의 입지는 상당히 약화될 것이다.

한편 이와 별도로 현재 이란의 産油量은 日當 350萬 배럴 내외의 비교적 높은 수준을 유지하고 있는데, 국제 석유시장의 안정적인 수급구조로 보아 앞으로도 당분간 이 정도의 産油量을 계속 유지할 것으로 예상된다. 이 경우 이란의 年間輸出額은 170~180億 달러에 달해 현재의 외환위기가 순조롭게 마무리된다면 장기적으로 경제개발을 추진할 수 있는 餘力은 비교적 충분하다고 할 수 있다.

지난해 이란의 실질경제성장률은 5% 내외의 수준으로 前年度의 10.5%에 비해 현저히 둔화된 것으로 추정되며, 今年中의 성장률은 이보다도 더욱 둔화되어 3~4%에 머물 것으로 전망된다.

한편 1992年中 우리의 對이란 輸出은 5億 6,007萬 달러로 前年對比 0.5% 증가하였으나, 建設受注는 7,601萬 달러에 불과해 前年度의 3億 7,382萬 달러에서 크게 줄어들었다.

4. 쿠웨이트

이라크軍의 침공으로 국토가 점령당한 후 UN 多國籍軍과 이라크軍 간의 대규모 전쟁의 무대가 되어 참담한 피해를 입었던 쿠웨이트는 戰後 빠른 속도로 복구 작업이 추진됨으로써 經濟가 신속히 정상화되고 있다.

쿠웨이트는 걸프戰의 와중에서 전체 油井의 70% 이상이 放火됨으로써 당분간 産油國으로서의 위상에 큰 타격을 받을 것으로 예상되었으나, 戰後 총력을 기울인 복구 작업의 결과 1年 이내에 모든 油田火災가 진화되었고 현재는 戰前水準인 日當 150萬 배럴의 産油量을 기록하고 있다. 쿠웨이트는 今年中에 産油量을 日當 230萬 배럴까지 확장할 계획으로 있어 現在 石油生産과 輸出에 관해서 보면 완전히 전쟁 이전의 상태를 회복했다고 할 수 있다.

또한 그동안의 복구 작업으로 電力·上下水道·道路 등 社會間接資本과 金融·市場機構 등도 대부분 원상회복되어 국민생활과 직결되는 애로들은 거의 해소된 것으로 알려지고 있다. 다만 通信과 精油産業部門에서는 일부 애로요인이 남아 있고, 피해 정도가 큰 대규모 건축물과 산업시설의 복구 작업에는 아직도 상당한 시간이 걸릴 것으로 예상되고 있다.

현재 쿠웨이트政府가 戰後復舊 및 향후의 경제개발과 관련하여 역점을 두고 있는 사업은 新規油田의 탐사 및 시추, 精油産業의 복구와 확장, 港灣·空港 등 社會間接資本의 복구 및 확장 등을 들 수 있다. 이 중 신규 유전의 탐사작업은 기존 유전의 상당수가 화재의 영향으로 폐쇄되어야 할 것으로 보여 原油生産增大를 위해 필수적인 사업으로 간주되고 있다. 또한 精油産業은 大破된 슈아이바(Shuaiba)정유공장을 복구하는 대신 새로운 정유공장을 신설할 계획인 것으로 알려지고 있다.

이 밖에 현재 쿠웨이트政府가 가장 역점을 두고 있는 사업으로는 國防强化計劃을 들 수 있다. 짧은 기간이나마 國權을 상실한 바 있는 쿠웨이트는 자체방위 능력을 극대화하기 위해 軍備强化에 막대한 비용을 투자하고 있다. 1992年에는 전체 예산의 43.4%가 國防部門에 지출되었으며, 앞으로도 당분간 이런 추세가 이어질 것으로 예상되고 있다.

한편 쿠웨이트는 걸프戰을 전후하여 상당수의 외국인 노동자들이 本國으로 귀국함으로써 前戰 200萬 名에 달했던 人口가 현재는 150萬 이내로 줄어들었는데, 이와 관련하여 향후의 경제개발 과정에서는 노동인력의 수급문제가 상당한 애로요인이 될 것으로 예상되고 있다.

1992年中 우리나라의 對쿠웨이트 輸出은 3億 24萬 달러로 前年對比 23.6%가 줄었으며, 建設受注는 2,984萬 달러로 역시 부진하였다.

걸프戰後 復舊特需와 관련하여 우리의 기대를 모았던 쿠웨이트市場에 대해 우리의 진출이 이처럼 부진한 것은 현재까지의 복구 작업이 기초 복구의 성격을 띠어 우리가 참여할 수 있는 여지가 적었던 데다, 戰後 쿠웨이트人口의 감소로 시장규모 자체가 줄어든 데도 원인이 있는 것으로 보인다.

5. 리비아

리비아는 1988年 12月 英國 상공에서 폭파된 팬암機의 테러용의자로 지목된 自國人의 신병인도 문제를 둘러싸고 美國 등 西方國家와의 관계가 악화돼 1992年 4月부터 UN決議에 의한 禁輸措置를 당하게 되었다. 이 조치는 이라크의 경우와 같이 對外的인 경제활동을 전면적으로 금지시키는 것은 아니지만, 리비아로 향하는 모든 국제 항공기의 운항을 금지시키는 한편 여러 가지 상징적 의미를 담고 있어 리비아 經濟에 적지 않은 타격을 주고 있다.

리비아는 현재 日當 150萬 배럴 정도의 原油를 생산하고 있어 石油生産과 輸出은 禁輸措置 이전과 별 차이 없이 정상적으로 이루어지고 있으나, 對外關係의 惡化가 경제 전반에는 상당히 부정적인 영향을 끼치고 있다. 특히 인근의 알제리, 모로코, 튀니지 등과 經濟統合을 목표로 결성했던 아랍마그레브聯盟(Arab Maghreb Union: AMU)은 금수조치 이후 그 기능이 사실상 마비되었다.

리비아政府는 금수조치를 전후해 經濟의 긴축 기조를 강화하고 있으며, 대규모 투자를 계획했던 미스라타(Misurata) 제철공장 확장사업과 第3次 人工大水路 공사는 계획을 전반적으로 재조정하였다. 또한 1992年 9月에는 새로운 民營化法을 제정하고 비효율적인 國營企業들을 본격적으로 정리하는 작업에 착수하였다.

리비아는 현재 공식적인 經濟統計들을 전혀 발표하지 않고 있어 최근의 경제동향을 指標로 확인하기는 어려우나 1992年中의 실질 GDP는 1% 정도의 마이너스 성장을 기록한 것으로 추정되며, 今年中에도 상황이 크게 개선되기는 어려울 것으로 예상된다.

광대한 국토에도 불구하고 人口가 500萬 名 이하에 불과한 리비아는 石油資本 이외에 경제개발에 필요한 노동인력과 기술 등을 대부분 海外輸入에 의존하고 있어 향후 경제가 정상화되기 위해서는 대외관계의 개선이 필수적인 先決課題라 할 수 있다. 그러나 현재의 정황으로 보아 카다피 大統領의 축출을 노리는 美國 등 西方國家와의 관계개선은 그다지 용이하지 않을 것으로 보인다.

1992年中 우리의 對리비아 輸出은 1億 6,226萬 달러를 기록했는데 이는 前年對比 6.4%가 줄어든 것이다. 한편 우리나라는 世界最大의 토목공사로 불린 리비아의 1~2次 大水路工事 건설사업을 수주하여 전반적인 中東建設景氣의 위축분위기 속에서도 한동안 리비아特需를 누리았는데, 1992年中에는 건설수주 역시 9,052萬 달러로 매우 지조하였다.

우리나라는 현재 第3次 大水路工事의 발주에 상당한 관심과 기대를 가지고 있지만 이 사업도 최근 리비아政府이 긴축분위기 속에서 사업규모와 일정이 재조정되고 있어 큰 기대를 하기는 어려울 것으로 보인다.

[1993. 5]

이스라엘 · PLO 평화공존
中東經濟 활력 높인다

"지난 9월 13일, 이스라엘과 PLO가 팔레스타인 자치에 관한 평화협정에 서명함으로써 2차대전 이후 가장 복잡한 국제문제 중의 하나가 평화적으로 해결됨과 동시에 중동의 경제가 활력을 찾을 것으로 전망된다. 평화정착 이후의 중동경제를 조명해 본다."

세계의 화약고로 불리던 중동지역에 평화가 찾아옴으로써 이 지역 국가들의 경제도 보다 활력을 얻을 것으로 보인다. 2차대전 후 전 세계를 통틀어 가장 복잡한 국제문제 중의 하나로 인식되어 왔던 이스라엘과 아랍 국가들 간의 분쟁이 드디어 평화적으로 해결되고 있기 때문이다.

이 분쟁의 일차적 당사자인 이스라엘과 팔레스타인해방기구 (Palestine Liberation Organization: PLO) 는 지난 9월 9일 상호간 공식 승인을 발표하고 9월 13일에는 팔레스타인 자치에 관한 평화협정에 서명했다.

또한 상당수의 아랍 국가들도 이 두 당사자의 합의를 존중하고 이스라엘과의 적대관계를 청산한다는 입장을 보임으로써 중동지역의 평화정착에 대한 전망을 밝게 해주고 있다.

▪ 무한 대결 종식, 경제개발 주력 가능

1948년 이스라엘의 건국 이후 이스라엘과 주변의 아랍 국가들은 70년대까지 네 차례의 전면적인 국제전을 벌인 바 있고, 최근에 이르기까지 크고 작은 규모의 수많은 무력충돌을 빚어 왔다. 이른바 '팔레스타인 또는 가나안 땅'의 영유권을 둘러싸고 벌어진 이 분쟁은 그동안 4백여만 명으로 추산되는 난민을 양산했고, 이스라엘 한 나라에 대해 아랍 민족으로 구성된 22개 국가가 공동전선을 펼침으로써 중동지역의 안정을 저해하는 가장 중요한 요인으로 인식되어 왔다. 이러한 무한 대결의 과정에서 이스라엘과 아랍 국가들은 막대한 에너지를 소모해 왔고, 그 여파로 오일쇼크 등 세계경제에도 작지 않은 충격을 주어 왔다.

9월 13일, 백악관에서 이스라엘 –PLO 평화협정에 서명한 후 클린턴 美대통령이 지켜보는 가운데 역사적인 화해의 악수를 나누고 있는 라빈 수상과 아라파트 의장

아랍 국가들 중 네 차례의 중동전쟁에서 이스라엘과 직접적으로 교전했던 나라들은 이집트, 요르단, 시리아, 레바논 등 이스라엘과 접경

하고 있는 이른바 '전방국가'(frontier states)들이었다. 그리고 전쟁과정에서 발생한 팔레스타인 난민들은 1964년 결성된 PLO를 자신들의 대표기구로 삼아 이스라엘에 대항해 왔다. 그런데 이들 국가 가운데 사실상의 맹주였던 이집트는 1979년에 이스라엘과 단독으로 평화협정을 체결하였다. 캠프 데이비드 협정으로 알려지고 있는 이 협정에 이집트가 합의한 것은 무한 대결로 더 이상의 국력손실을 감당하는 것이 합리적이지 않다고 판단했기 때문이었다. 그러나 이 협정은 나머지 모든 아랍 국가들로부터 지탄을 받아 중동지역의 포괄적인 평화정착에 별다른 기여를 하지 못하였다.

반면 이번 이스라엘과 PLO 간의 평화협정은 분쟁의 제1차 원인 제공자들끼리의 협정이며 최대 피해자인 PLO가 합의한 것이라는 점에서 좀더 다른 의미를 지닌다.

중동 전체의 평화정착을 위해서는 아직도 시리아·요르단·레바논 등의 합의해야 할 문제가 남아 있지만, 이번의 평화협정은 전체적인 평화공존의 여건을 조성하는 데 큰 기여를 할 것으로 예상되고 있다. 이 경우 이스라엘과 아랍 국가들의 소모적인 대치상태가 종료됨으로써 불필요한 국력의 낭비가 없어지고 관련 국가들의 경제개발에 보다 유리한 여건이 조성되리라는 점은 당연히 예상할 수 있는 것이다.

▪ 이스라엘 경제 정상화 계기 맞아

중동지역에 평화가 정착될 때 경제적 관점에서 새롭게 주목을 받을 만한 나라로는 우선 이스라엘이 꼽힌다. 황량한 사막에 건국되었던 인구 520만 명의 이 조그만 나라는 적대국들로 둘러싸인 환경 속에서도 놀라운 경제발전을 이룩하여 세계의 찬탄을 받았다. 지난해 1인당 GDP는

1만 2천5백 달러로 구미 선진국 수준에 육박하고 있으며, 주위의 아랍 국가들과는 비교가 되지 않을 정도로 첨단화된 산업기반을 지니고 있다.

그러나 이 나라의 경제는 그동안 결코 정상적이라고 할 수 있는 상태에 있지 않았다. 아랍 국가들과의 끊임없는 분쟁 속에서 '국가안보'라는 과제 앞에 모든 경제논리가 종속되는 일종의 전시경제적 성격을 지녀 왔으며, 국방비와 외채 상환액이 80년대 중반까지 재정지출의 60% 내외(최근에는 30~40%)를 차지해 왔다. 또한 과다한 국방비 지출에 따른 재정적자로 인플레가 한때는 연간 400% 이상에 달하기도 했으며, 최근에는 많이 완화되었으나 역시 20% 내외의 높은 수준을 유지하고 있다. 그 밖에도 대외거래가 석유를 무기로 삼은 아랍 국가들의 보이콧 정책에 의해 심한 제약을 받아 왔다.

이번 PLO와의 평화협정은 이처럼 이스라엘 경제를 왜곡시켜 온 외부환경의 압력을 완화시켜 줌으로써 이스라엘 경제가 안정적으로 발전할 수 있는 계기를 제공할 수 있을 것으로 보인다. 이 경우 우선적으로 관심의 대상이 되는 것은 아랍 국가들의 對이스라엘 보이콧 정책 완화에 따른 이스라엘의 대외교역 활성화 가능성이다.

1951년 아랍연맹의 결의에 따라 집행되어 온 對이스라엘 보이콧 정책은 아랍 국가들 스스로가 이스라엘과의 모든 교역을 금지할 뿐만 아니라, 이스라엘과 교역하고 있는, 또는 이스라엘 자본이 침여하고 있는 여타 국가의 기업들에 대해서도 아랍 국가들과의 교역을 금지하고 있다. 아랍권과 경제 관계가 강한 우리나라의 경우도 이 정책으로 對이스라엘 교역에 지장을 받아 왔다.

걸프戰 이후 이 정책은 아랍권의 분열에 따라 부분적으로 완화되어 왔으며, 금년 6월에는 쿠웨이트가 자국기업들의 對이스라엘 금수조치를 해제한다고 발표한 바 있다. 향후 중동지역의 평화정착이 가시화된

다면 지난해 수출 130억 달러, 수입 186억 달러를 기록한 이스라엘의
대외교역은 빠르게 확대될 가능성이 크다.

▪ 레바논, 전후 복구 본격화

이스라엘과의 분쟁과정에서 PLO에 못지않게 피해를 입은 나라는
레바논이다.

한때 중동지역에서 가장 선진화된 나라 중의 하나로 '중동의 스위
스'라고까지 불렸던 이 나라는 1975년 이후 15년간에 걸친 내전으로
거의 황폐화되었다. 원래 다수의 종교집단이 혼재하고 있어 갈등의 소
지가 있었던 이 나라에 내전을 촉발시킨 요인 중의 하나는 팔레스타
인 난민의 대량 유입이었다.

그 후 이 나라는 자체 내 종파 간의 내전은 물론 이스라엘과 PLO
간의 산발적인 무력충돌의 무대가 되었고, 현재도 북부와 남부에는 각
각 시리아군과 이스라엘군이 주둔하고 있다.

레바논은 1990년 12월 엘리아스 흐라위 대통령이 시리아군의 지원을
받아 각 종파의 민병대를 해산시키고 통일정부를 구성함으로써 장기간
의 내전을 종식시키고 현재 불안한 평화를 유지하고 있다. 이 나라의
평화가 보다 안정적으로 구축되기 위해서는 자체적인 정치구조 개편과
함께 이스라엘 및 시리아, 그리고 PLO 등과 합의해야 할 문제가 남아
있다. 그런데 이번에 체결된 이스라엘과 PLO 간의 평화협정은 레바논
의 항구적인 평화유지에도 긍정적인 분위기를 조성할 것으로 보인다.

현재 레바논 정부가 가장 주력하고 있는 사업은 15년간의 내전으로
황폐화된 경제를 재건하는 일이다. 레바논 정부는 재작년에 30억 달러
규모의 긴급 복구계획을 수립, 시행한 바 있으며, 금년에는 개발·재건

위원회(The Council for Development and Reconstruction: CDR)를 통해 향후 10년간에 걸쳐 총 129억 달러가 투자될 장기 복구계획을 발표하였다. 'Horizon 2000'으로 명명된 이 계획은 그 1단계 사업으로 27억 달러를 투자해 전력, 통신, 도로 등의 사회간접자본과 주택, 교육시설 등의 복구에 주력한다는 방침으로 있다.

이미 두 차례나 대규모의 내전을 경험한 레바논이 경제재건 사업을 무난히 성공하기 위해서는 무엇보다도 항구적인 평화의 정착이 선결 과제이다. 그런 점에서 중동지역에 불고 있는 평화의 바람은 레바논에도 꽃 냄새를 안겨주고 있는 것이나.

▪ 팔레스타인 경제재건이 평화의 관건

이번 이스라엘과 PLO 간의 평화협정은 국제사회에서 전반적으로 큰 호응을 얻고 있음에도 불구하고 일부 아랍 국가들과 팔레스타인인들로부터 반발을 사고 있다.

가자지구(Gaza Strip)와 요르단 강 서안지대(West Bank)의 자치를 핵심으로 하는 협정의 내용이 이 지역에 독립국가 건설을 주장해 왔던 PLO의 기존 입장에서 훨씬 후퇴한 것이기 때문이다. 그러나 나수의 아랍인들은 이 협정이 최선은 아니더라도 실현 가능한 차선이라는 인식을 가지고 있는 것으로 보인다.

가자지역과 요르단 강 서안지대는 1967년의 제3차 중동전 이후 이스라엘이 점령하고 있는 지역이며, 현재 180여만 명의 팔레스타인 난민들이 집단적으로 거주하고 있는 곳이다.

PLO는 1988년에 이 두 지대와 東예루살렘을 영토로 하는 팔레스타인 국가의 건국을 선포한 바 있다. PLO는 원래 이스라엘의 존재 자체를 인정하지 않는다는 입장을 취해 왔으나, 현실적으로 이스라엘의 주권이 이미 굳혀진 지역은 차츰 인정해 오다가 이번에는 결국 항복에 가까운 선언을 한 것이다.

국제사회에서 흔히 '점령지'로 통칭되어 온 가자지구와 요르단 강 서안지대 안에서는 이스라엘의 군사통치가 행해져 왔고 아랍인들은 지속적으로 이에 대항해 왔으며, 특히 1987년 이후로는 '인티파다' (Intifada)로 불리는 대규모 집단 저항운동을 계속해 왔다. 이스라엘 정부는 그동안 이 지역에 이스라엘인들의 정착촌 건설을 꾸준히 추진해 왔고, 아랍인들의 신체자유 및 재산권을 심히 구속함으로써 아랍인들의 생활조건은 극도로 악화되었다.

앞으로 PLO가 자치정부를 운영할 때 관할대상이 될 사람들은 바로 이 점령지를 비롯해 중동 각지에서 떠돌고 있는 400~500만 명의 팔레스타인 사람들이다. 이번의 평화협정이 궁극적으로 성공할 수 있는지의 관건은 바로 이들, 나라를 잃고 극도의 억압을 받으면서 유랑해 온 '팔레스타인 난민'들이 새로운 자치정부하에서 자신들의 삶의 조건에 대해 얼마나 만족하는가에 달려 있다고 할 수 있다. 그리고 그 일차적인 조건은 바로 경제문제로 평가될 것이다.

현재 국제사회는 평화정착의 관건이 될 이 지역의 경제재건을 위해 다각적인 노력을 펴고 있다. 우선 세계은행은 향후 10년간에 걸쳐 총 43억 달러를 지원할 계획을 밝히고 있으며 미국, EC, 일본 등도 적절한 지원방안을 모색하고 있다.

▪ 중동시장, 전망 밝아져

중동지역에 불고 있는 평화의 바람은 전반적으로 중동경제에 새로

운 희망을 안겨주고 있다. 앞으로 시리아, 요르단, 레바논 등과도 포괄
적으로 평화협정이 체결된다면 이들 국가의 전반적인 경제상황도 한
결 개선될 것이며, 현재 그렇게 될 수 있는 가능성은 상당히 높은 것
으로 알려지고 있다. 그리고 이 경우 이들 국가에 대한 우리의 경제교
류 가능성도 한결 커지게 될 것이다.

우리나라의 입장에서 본다면 우선 이스라엘에 대한 아랍 국가들의
보이콧 정책 완화에 따라 그동안 소홀히 해왔던 對이스라엘 진출을
본격화할 수 있을 것이며, 레바논의 전후복구 사업과 관련된 상품수출
및 건설진출 확대 등을 기대할 수 있다. 특히 이 두 나라는 앞으로 정
치상황이 좀더 안정될 경우 우리나라의 해외 투자기지로서도 매우 적
절하게 활용될 수 있을 것으로 보인다.

이스라엘은 1984년에 이미 캐나다에 앞서 미국과 전반적인 자유무
역 협정을 체결했으며, EC와도 매우 유리한 조건으로 교역해 왔다.
지중해에 위치한 이 나라는 하이파와 에일라트에 자유무역지대를 설
치해 외국인 투자를 유인하고 있다. 한편 고대 페니키아 상인들의 본
거지였던 레바논은 티레와 시돈 등 지중해의 양항들을 끼고 있어 유
럽 및 중동, 아프리카에 대한 교역기지로서 매우 적절하다.

이상의 요인들을 고려할 때 앞으로 평화공존 시대의 중동은 과거
서유아 건설을 연상하던 시대와는 다른 의미에서 새로운 유망시장으
로 떠오를 가능성이 크다. 그러나 한편으로 이제 막 자치의 실험에 착
수하는 팔레스타인 지역에 대해서는 우선 '시장'이라는 개념으로 접근
하기보다 적절한 국제협력을 통해 평화의 정착을 지원한다는 차원에
서 접근해야 할 것으로 생각된다.

[1993. 9]

평화공존시대 열린 中東 「제2特需」 일어날까

─시장여건 개선······ 70년대式 특수기대는 금물─

지난 9월 13일 세계는 현대사에서 가장 극적인 장면 중의 하나로 기억될 사건을 지켜보았다. 과거 45년간 불구대천의 원수로 생사를 건 싸움을 벌여 왔던 이스라엘과 팔레스타인해방기구(PLO)의 두 지도자가 평화협정에 서명하고 악수를 나눈 것이다.

성서의 무대인 「가나안 땅」의 주인이 누구인가를 놓고 싸워온 이 두 민족 지도자 간의 화해는, 마치 성서에 표현된 「칼을 쳐서 보습을 만들고 창을 쳐서 낫을 만드는」 사건이 현실화된 것처럼 극적인 느낌을 주었다.

세계는 이 감동적인 장면을 지켜보면서 중동지역에 평화가 정착되는 것을 돕기 위해 팔레스타인에 대한 경제적 지원 방안을 논의하고 있다. 그런데 우리나라에서는 이 시기에 다시 성급한 「중동特需」 논의가 나오고 있다. 상을 차리는 데 거들어 주지는 않고, 집어먹을 궁리만 하고 있는 격이라는 느낌을 준다.

우리나라에서 중동특수라는 단어는 해외 건설업체들의 대거 진출로 한 해의 건설수주가 100억 달러 이상에 달하기도 했던 70년대의 중동

붐을 연상시켜 아주 특이한 기대를 불러일으킨다. 88년 이란·이라크 전쟁이 끝났을 때나 91년 걸프戰이 끝났을 때 국내 각계의 반응이 그러했다.

그러나 이 두 차례 경우에 수천억 달러에 달한다던 특수시장은 감감무소식이었고, 우리의 對중동 상품 수출이나 건설수주는 그 후로도 별로 신통치 않았다. 이번의 경우도 현실이 아닌 신기루를 좇아 헤맨다면 아마도 더 큰 실망만 맛보게 될 것이다.

중동시장은 이미 확연히 달라졌다. 우리 기업들이 아직도 70년대식의 「특수」를 연상하고 접근한다면, 큰 낭패를 당하기 십상이다.

▪對이스라엘 수출 크게 늘 듯

이제는 보다 진지하고 차분하게 현지 사정을 확인하면서, 그리고 국제사회의 일원으로서 우리가 지녀야 할 자세도 생각하면서 중동시장에 접근해야 할 때다.

이번에 체결된 이스라엘과 PLO 간의 평화협정은 중동지역의 전반적인 평화 분위기 조성과 각국의 안정적인 경제개발 추진에 큰 기여를 할 것으로 예상된다. 이 경우 우리의 입장에서 보는 중동시역의 시장여건은 크게 개선될 것임에 틀림없다.

향후 이스라엘과 아랍 국가들 간의 분쟁이 보다 포괄적으로 타결되고 평화 분위기가 성숙되면, 우리로서는 일차적으로 이스라엘에 대한 수출 확대를 기대할 수 있다.

이스라엘은 인구 520민 명에 불과한 작은 나라이지만 1인당 GDP가 1만 2천500달러로 소득 수준이 높고, 지난해 연간 수입 규모가 186억 달러에 달해 상당한 시장규모를 지니고 있다. 그런데 우리나라는 그동안 아랍권과의 관계를 의식, 이스라엘과의 교류를 스스로 제약해 왔다.

아랍 국가들은 51년 이후 아랍연맹의 결의에 따라 對이스라엘보이콧 정책을 추진해 왔다. 이 정책은 아랍 국가들 스스로의 對이스라엘 교역은 물론, 이스라엘과 교역하고 있거나 이스라엘 자본이 참여하고 있는 여타 국가의 기업 활동에 대해서도 제약을 가하고 있다.

이제 對이스라엘 관계의 최대 피해자인 PLO가 이스라엘과의 평화 공존을 선택한 마당에 여타 아랍 국가들이 이 정책에 집착할 이유는 없을 것으로 보인다. 실제로 금년 6월에 쿠웨이트는 벌써 對이스라엘 보이콧 정책의 대폭 완화를 발표한 바도 있다.

지난해 우리나라의 對이스라엘 수출은 1억 달러 정도에 머물렀으나, 앞으로 교역이 활성화된다면 더욱 늘어날 가능성이 크다.

▪ 레바논도 주목받는 시장

다음으로 우리가 새롭게 주목할 수 있는 나라는 레바논이다. 90년 12월 통일정부 구성과 함께 15년간의 내전을 종식한 레바논은 91년부터 30억 달러 규모의 긴급 복구계획을 시행한 데 이어, 금년에는 향후 10년간에 걸쳐 총 129억 달러가 투자될 경제재건 계획을 발표했다. 'Horizon 2000'으로 명명된 이 계획이 본격적으로 추진되면, 그동안 비교적 우리의 관심권 밖에 있었던 레바논도 새로운 시장으로 주목받을 수 있을 것이다.

백악관에서 클린딘 미국대통령이 지켜보는 가운데 평화협징 조
인식을 갖고 악수를 나누는 라빈 이스라엘총리(왼쪽)와 아라파트
PLO의장.

한편 이 지역에 평화가 좀더 안정적으로 정착되면 향후 이스라엘과 레바논 두 나라는 우리의 해외투자 기지로서도 주목받을 수 있는 소지가 크다.

이스라엘은 이미 84년에 미국과 자유무역 협정을 체결했으며, EC와의 교역에서도 여러 가지 특혜를 받고 있다. 이 나라의 하이파와 에일라트는 자유무역 지대로서 레바논의 티레·시돈 등과 함께 지중해의 良港으로 꼽힌다.

고대로부터 아시아와 유럽, 아프리카를 잇는 중개무역 기지로 유명했던 이 지역은 이제 평화공존과 함께 다시 그 기능을 회복할 수 있을 것으로 기대되고 있다.

한편 가자지구와 요르단 강 西岸지역 등 팔레스타인 사치지역에서도 향후 본격적인 경제재건 작업이 주진됨으로써 우리 기업들이 일정 부분 참여할 수 있는 여지가 있을 것으로 보인다.

그러나 현재 팔레스타인에 관한 국제사회의 현안은 극도로 열악한 이 지역 정착민들의 생활조건과 향후 귀환하게 될 난민들의 생활조건을 개선하기 위한 지원방안으로 집약되고 있다.

이번에 합의된 이스라엘과 PLO 간의 평화협정이 일부 아랍 국가들과 팔레스타인인들로부터 큰 반발을 사고 있는 현실에서, 평화가 정착되기 위해서는 일단 자치지역의 경제재건이 그 일차적 관건이 될 것으로 예상되기 때문이다.

이러한 상황에서 우리가 팔레스타인 특수를 거론한다는 것은 바람직한 일이 아니다. 그보다는 우선 인도적 차원의 경제협력 방안이 먼저 논의돼야 할 것이다.

전체적으로 평화공존 시대의 중동시장은 과거에 비해 훨씬 안정적이고 예측 가능한 시장으로서, 우리에게 보다 장기적이고 진지한 접근을 요구할 것이다.

[1993. 9]

이븐 할둔의 「歷史序說」

이븐 할둔(Ibn Khaldun)이라는 이름은 우리에게는 다소 생소하게 들린다. 그러나 아널드 토인비는 그의 저서 「역사의 연구」에서 이븐 할둔의 「歷史序說」에 대해 "시대와 장소를 불문하고 인간이 만든 역사철학 가운데 가장 위대한 작품"이라고 극찬한 바 있다.

튀니지 태생의 이븐 할둔은 14세기 중반에 스페인과 北아프리카 지역의 아랍王朝에서 정치가로 활동했으며, 공직생활에서 은퇴한 후 7권으로 된 방대한 저서 「歷史」를 집필했다.

그에게 불멸의 명성을 안겨주고 있는 것은 이 「歷史」 가운데서도 특히 서론 부분에 해당되는 제1권이다. 아랍어 原音을 따 "무캇다마"(Muqqadama)로 불리고 있는 이 「序說」에서 그는 역사를 분석하고 서술하는 방법론과 인간 역사의 흐름을 관통하는 일반적인 사회법칙을 논술했다.

이븐 할둔은 인간 사회의 흐름에도 자연법칙과 비슷하게 일정한 법칙이 작용하고 있다고 생각하고, 다양한 사회현상의 분석을 통해 이 법칙을 정형화한 다음 그것을 바탕으로 한 사회의 발생과 성장, 몰락 과정을 체계적으로 파악하고자 했다.

이븐 할둔에 따르면 하나의 문명은 그 사회 구성원들을 공동의 목
표 아래 결속시킬 수 있는 '집단의식(assabiya)'의 고양을 통해 발전하
지만, 이 집단의식이 깨어질 때 쇠퇴하게 된다는 것이다. 이 집단의식
의 형성과 소멸은 어떠한 메커니즘을 통해 나타나며, 어떠한 사회현상
으로 반영되는가?

이븐 할둔은 아랍王朝의 역사 속에서 이러한 주제를 실증적으로 검
토하고, 그것을 일반적인 역사법칙으로서 정형화했다. 그에 따르면 문
명은 유목민들의 거친 사막 생활 속에서 형성된 집단의식을 바탕으로
발전하지만, 그들이 定住文化를 정복하고 거기에 안착함으로써 집단의
식의 해이가 나타나 쇠퇴하게 된다는 것이다.

오늘날의 관점에서 본다면 이븐 할둔이 아랍王朝의 역사를 바탕으
로 일반화한 사회법칙은 더 이상 현실성을 갖기 어렵다. 그가 문명사
회의 전부라고 알고 있었던 아랍사회는 오늘날 특수한 사례로 인식되
고 있기 때문이다.

그러나 시대와 문화적 배경을 달리한다 하더라도 사회 구성원들의 역
학관계 속에서 역사발전의 법칙성을 찾아내려 한 그의 관점은 탁월하다.

특히 사회 구성원들에게 동질감을 심어줄 수 있는 집단의식이 그
사회 발전의 원동력이라고 파악한 그의 결론은 '原子化된 개인들의 시
대'에 살고 있는 우리들에게 여전히 많은 것을 시사하고 있다.

삭막한 콘크리트 벽 속에 몸과 마음을 가둬놓고 사는 우리들의 모
습에서 슈펭글러나 토인비가 현대문명의 위기를 감지했다면, 이븐 할
둔이 말한 집단의식이야말로 이 시대의 우리에게 진정으로 필요한 것
이라 할 수 있을 것이다.

서구문화에 편향된 우리들의 가슴과 머리에 잠시 새로운 바람을 넣기
위하여 아라비아의 사막으로 역사기행을 떠나보는 것도 괜찮을 것이다.

[1993. 11]

평화 앞둔 中東經濟, 기대와 불안 교차

"지난해 이스라엘과 PLO의 평화협정 이후, 이스라엘과 시리아·
요르단·레바논 사이의 평화협상이 연쇄적으로 추진되고 있다. 이제,
중동에도 평화가 정착되는 것인가? 이러한 움직임들이 중동경제에 새
로운 활력소로 작용할 것인가?"

중동지역에서 아랍과 이스라엘 간의 평화는 과연 정착될 수 있을
것인가? 그리고 이러한 평화는 중동경제에 새로운 활력을 가져다줄
수 있을 것인가? 지난해 9월 이스라엘과 팔레스타인해방기구(PLO)가
전 세계의 갈채 속에 전격적으로 평화협정을 체결한 후 중동경제는
特需 기대로 새로운 관심을 모아 왔다.

그동안 이 협정의 이행은 세부 문제를 둘러싼 갈등으로 차질을 빚
었으나 최근에는 조만간 완전 타결될 것으로 알려지고 있다. 또한 이
스라엘과 시리아, 요르단, 레바논 사이에도 연쇄적인 평화협정의 체결
이 추진됨으로써 관련 국가들은 利害得失의 계산 속에 평화가 가져다
줄 경제적 급부에 상당한 기대를 걸고 있다.

그러나 평화가 이들 국가의 경제에 전적으로 긍정적인 효과만을 가
져다주는 것은 아니다. 더욱이 금년에는 유가의 하락추세로 주요 産油
國 경제에 그늘이 지면서 중동지역의 전체적인 경기가 하강국면으로

접어들 것으로 예상돼 중동경제에는 기대와 불안이 교차되고 있다.

▪ 자치지역 범위, 국경 통제권 문제 등으로 갈등

이스라엘과 PLO는 지난해 9월 가자지구와 요르단 강 서안지대의 예리코市에서 PLO가 향후 5년 동안 시험적으로 자치정부를 운영한다는 원칙에 합의했다. 그러나 이 원칙의 실행은 세부 문제에 대한 양측의 입장 차이와 이스라엘 및 PLO 내 반대파들의 잇따른 시위 및 테러 활동 등으로 차질을 빚고 있다.

◀ 지난 1월 30일. 스위스의 Davos에서 협상을 마치고 나오고 있는 Shimon Peres 이스라엘 외무장관, Amr Moussa 이집트 외무장관, 아라파트 PLO의장

◀ 골란고원의 이스라엘 병사가 무장을 한 채 시리아 쪽을 응시하고 있다.

당초 이스라엘은 지난해 12월 13일까지 양 지역에서 자국 군대를 철수하기로 합의하였으나, 이 일정은 이미 무시되었을 뿐만 아니라 현지의 폭력사태에 대응해 오히려 병력이 증강되었다. 이러한 사태는 평화협정을 주도한 양쪽의 지도부에 대해 심각한 정치적 위협을 안겨주고 있다.

그러나 이스라엘의 라빈 총리와 PLO의 아라파트 의장을 축으로 한 협상 주체들은 현재까지 평화협정의 이행에 확고한 신념을 보이고 있으며, 반대파들의 활동에도 불구하고 이것은 이미 돌이킬 수 없는 대세로 받아들여지고 있다. 일부 보도에 따르면 자치협상의 완전 타결이 매우 임박한 것으로도 알려지고 있다.

현재 양자 간에 갈등을 보이고 있는 주요 현안은 자치가 시행될 예리코市의 범위 설정과 자치지역의 국경 통제권을 누가 가질 것인가 하는 문제이다. 우선 예리코市의 범위에 대해 PLO는 300㎢를 주장하고 있는 데 반해, 이스라엘은 55㎢를 주장하고 있다. 또한 이스라엘은 자국안보를 이유로 점령 지역의 국경 통제권을 단독으로 행사하겠다는 입장을 버리지 않고 있다.

한편 5년의 자치기간이 끝난 후 자치지역의 위상이 어떻게 될 것인가 하는 문제는 당장의 현안은 아니지만 앞으로는 더욱 큰 갈등을 야기할 가능성이 크다. PLO는 이것을 독립과 연계하고 있고, 이스라엘은 현상유지를 전제하고 있기 때문이다.

이러한 문제들을 고려할 때 이스라엘과 PLO의 평화공존에는 아직도 많은 장애가 놓여 있다. 그러나 양측의 지도부가 평화협정의 성공에 정치생명을 걸고 있는 상황에서 다른 대안의 선택은 이미 불가능한 것으로 받아들여지고 있다.

이스라엘은 시리아와의 평화협상을 원하고 있다. 라빈 총리는 시리아가 골란고원에서의 이스라엘軍 철수를 원하고 있음을 알고 있으나 공개적으로 언급할 입장은 아니다. 사진은 라빈 이스라엘 총리와 아사드 시리아 대통령.

▪ 자치시대의 경제전략 대립 요소 커

이스라엘과 PLO는 팔레스타인 자치의 실현을 전제로 그 경제적 효과를 극대화할 수 있는 개발 전략을 각각 구상하고 있다. 이스라엘은 이미 정부와 중앙은행에 팔레스타인 자치에 대비한 경제전략의 입안을 담당할 위원회를 설치했으며, 경제인연합회(The Coordinating Office of Economic Organizations) 등 민간단체들도 대응전략을 마련하고 있다. 한편 PLO는 산하에 개발·재건을 위한 경제위원회(The Economic Council for Development & Construction: ECDC)를 신설하고 자치지역의 경제개발에 관련된 제반 문제를 담당하게 하고 있다.

이스라엘의 입장에서 PLO와의 평화공존은 아랍 국가들의 對이스라엘 보이콧 정책 폐지 및 자국과의 경제협력 강화 등 경제 전반에 긍정적인 효과를 가져다줄 것으로 예상하고 있다. 그러나 부문별로는 여러 가지 문제점들이 예상되기도 하며, 특히 자치지역과 연계가 깊은 일부 업종에서는 심각한 우려가 제기되고 있다.

이러한 업종들로는 현재 건설업, 호텔업, 수입업 및 식품·섬유·전기제품 등을 포함한 일부 제조업이 거론되고 있다. 이스라엘 기업들의 자치지역에 대한 매출은 연간 10억 달러 정도로 추정되고 있는데, 향후 자치정부 시대에는 이 지역에 대한 기업활동에도 상당한 변화가 필연적일 것으로 예상되고 있는 것이다.

또한 기존에 팔레스타인 출신의 저임 노동력을 이용해 왔던 업체들과 팔레스타인 기업에 대한 이스라엘 정부의 통제정책으로 상대적인 혜택을 누려 왔던 신발, 피혁 등 업종의 상당수 업체들도 경영전략에 변화를 요구받고 있다.

이러한 문제들에 대응한 이스라엘 정부의 기본 입장은 자치기간 중에도 팔레스타인 경제가 이스라엘의 영향력을 벗어나지 못하는 종속적 구조를 지니도록 유도한다는 것이다. 이를 위해 이스라엘은 양 경제권 간의 상품 및 인력 이동을 자유화하고 관세를 철폐하는 한편 부가가치세, 임금, 공업표준 등에서 자국기업에 불이익이 오지 않도록 면밀한 검토를 하고 있다.

한편 PLO의 대응전략은 당연히 이스라엘 정부의 입장과는 상반되게 팔레스타인 경제가 이스라엘에 대한 종속적 관계에서 벗어나 가급적 빠른 시일 내에 자립할 수 있는 방안을 마련하는 데 초점을 맞추고 있다.

현재 자치지역에서는 12만 명 정도가 이스라엘에 취업하고 있으며, 국민소득의 50% 정도가 이스라엘을 상대로 한 경제활동에서 유발되는 것으로 추정되고 있다. PLO는 이러한 구조를 개선하기 위해 기존의 영세 제조업체들에 대한 지원 강화, 관광 진흥 및 해외 팔레스타인人들의 투자 촉진 등에 역점을 두고 있다.

그러나 PLO의 입장에서 경제자립은 장기적인 문제이고 당장에는 극도로 열악한 현지의 생활 여건 개선에 매달려야 할 것으로 보인다. 아라파트 의장은 이에 관해 우선은 식수 공급 및 하수 처리 문제가 최우선이라고 말한 바 있다.

한편 PLO의 개발재원으로는 지난해 말 시점에서 향후 5년간에 걸쳐 선진국들 및 국제기구로부터 총 22억 달러가 제공될 것으로 알려졌다.

· 주변국들, 반대급부 기대

아랍·이스라엘 간의 분쟁이 포괄적으로 해결되기 위해서는 시리아,

52

요르단, 레바논 등 이스라엘과 접경하고 있는 아랍 국가들 역시 이스라엘과의 평화공존에 동의해야 한다. 현재 이스라엘은 이러한 나라들과도 평화협정을 체결하기 위해 미국의 중재를 적극 활용하면서 다각적인 교섭을 벌이고 있다.

시리아와의 협상에서 관건이 되고 있는 사안은 1967년 이래 이스라엘이 점령하고 있는 골란고원을 반환하는 문제이다. 시리아는 이스라엘과의 평화공존에 원칙적으로 동의하지만 이 문제가 해결되기 전에는 평화협정을 체결할 수 없다는 입장을 보이고 있다. 다음 요르단은 200만 명으로 추정되는 자국 내 팔레스타인人들의 귀속문제와 水資源 공동 이용문제 등이, 그리고 레바논은 자국의 북부와 남부를 각각 점령하고 있는 시리아군과 이스라엘군의 철군 문제가 주요한 현안이 되고 있다.

이러한 나라들은 평화협정을 지렛대로 활용해 원조와 경제협력 등 최대한의 반대급부를 얻어내고자 노력하고 있다. 이들 국가 중 요르단은 이미 상당한 정도로 협상을 진전했으며 가까운 시일 내에 이스라엘과 평화협정을 체결할 것이란 전망도 나오고 있다. 이 나라는 금년 1월 7일 PLO와 자치 이후의 양국 간 경제협력에 관한 협정을 체결했다.

요르단의 경우 네 차례에 걸친 중동전쟁 및 1991년의 걸프전쟁 과정에서 약 100만 명의 팔레스타인 난민을 받아들였으며, 현재 자국 인구 420여만 명 중 절반에 가까운 200만 명 정도가 팔레스타인系인 것으로 알려지고 있다. 요르단 정부는 향후 PLO의 자치정부가 들어설 때 이들 중 100만 명 정도가 팔레스타인 국적을 취득할 것으로 예상하고 있으며, 이와 관련해 보상 문제 등을 적극 제기할 계획으로 있다. 다음 시리아와 레바논도 역시 평화협정의 반대급부에 대해 상당한 기대를 걸고 있는 것은 마찬가지이다. 시리아의 경우 영토회복 이외에도 서방의 원조와 경제협력 확대에 기대를 걸고 있으며, 레바논은 자국이 현재 추진하고 있는 戰後 복구계획에 더욱 속도가 붙을 것으로 예상하고 있다.

마지막으로 이 나라들이 특히 기대하고 있는 분야는 관광 特需이다. 이 나라들은 모두 고대로부터의 풍부한 문화유적과 기독교의 주요 聖地들을 지니고 있어 평화가 정착될 경우 대규모 관광 特需가 가능할 것으로 예상하고 있다. 요르단의 경우 현재 자국에 대한 유럽계 관광객이 연간 5만 명 이하이나 이스라엘은 연간 60만 명 수준인 점에 비추어 본격적언 유치 활동을 벌일 경우 상당한 성과가 있을 것으로 기내하고 있나.

▪ 대규모 中東特需는 어려워

이스라엘과 아랍 국가들 사이에 평화가 무난히 정착된다면 중동경제는 분명히 새로운 활력을 얻게 될 것이다. 지중해에 인접한 이들 국가 사이에는 새로운 경제 공동체가 출현하게 될 것으로도 예상되고 있다. 그러나 현재 평화협정을 논의하고 있는 나라들이 대부분 非産油國인데다 지역경제에 큰 영향을 못 미치는 소국들이라는 점에 비추어 이들 국가의 特需가 대규모 中東特需로 인길될 것이고 시내히시는 이럽다. 오히려 금년에는 유가가 폭락힐 조짐도 보이고 있어 주요 산유국들이 밀집해 있는 중동지역에서는 불황을 우려하는 목소리가 커지고 있는 형편이다.

중동지역에서 평화는 분명히 가시적인 방향으로 진전되고 있다. 그러니 목표 지점에 이르는 길은 여전히 험난하고, 중동경제 역시 낙관할 수만은 없는 미래를 앞에 두고 있다.

[1994. 2]

中東 産油國, 油價 하락으로 구조 조정 부심

"국제유가의 지속적인 하락세로 중동 산유국들이 경제운용에 어려움을 겪고 있다. 이에 따라 사우디 등 주요 산유국들은 정부 지출예산을 삭감하는 등 구조 조정에 부심하고 있다."

지난해 5월 이후 國際油價가 지속적인 하락추세를 보임에 따라 석유판매 收入에 국가재정을 의존하는 중동 산유국들이 경제운용에 커다란 어려움을 겪고 있다. 사우디를 비롯한 주요 산유국들은 대부분 금년도의 정부 지출예산을 삭감하고 각종 개발사업의 추진을 재검토하는 등 構造調整에 부심하고 있다.

또한 이란, 알제리 등 대규모 外債를 안고 있는 산유국들은 석유수출의 감소로 국제수지가 악화됨에 따라 외채 상환계획을 재조정하고 수입계획을 전면 재검토하는 등 대외조정에도 적극 나서고 있다. 이와 함께 전통적인 채권국가였던 사우디도 채무 상환에 부심해야 하는 형편이 되었다.

현재 석유 수출국기구(OPEC)의 기준 油種인 사우디産 경질유는 배럴당 13달러를 전후한 수준에서 거래되고 있는데, 이것은 지난해의 평균 가격에 비해 20% 가까이 하락한 수준이다. 더욱이 이러한 油價는

지난해 5월 이후 전반적인 하락추세를 보이고 있어 中東 산유국들의
고민을 더해 주고 있다.

• 사우디, 재정지출 대폭 삭감

OPEC의 최대 산유국인 사우디는 지난 1월 정부 지출예산을 18.8%
삭감한 금년도 예산을 확정, 발표하였다. 이에 따르면 금년도의 전체 歲
出豫算은 1,600억 리얄(430억 달러)로 작년도에 비해 370억 리얄(100억
달러)이 삭감되었다. 또한 이 예산은 1982년 이후 처음으로 적자예산에
서 벗어나 세입과 세출예산이 같은 균형예산으로 편성된 점이 특징이다.

사우디 정부가 금년 예산을 이처럼 이례적으로 설정한 이유는 우선
油價의 하락으로 재정수입의 70% 이상을 차지하는 石油收入의 확보
가 용이하지 않을 것으로 예상되기 때문이다. 또한 지난 10여 년간의
방만한 재정운용과 걸프戰 후 인위적인 경기부양 정책 및 국방비 지
출 확대로 적자 누증액이 1,000억 달러 이상에 달해 근본적인 대응이
요구되었기 때문이기도 하다.

국제통화기금(IMF)은 지난해 4월에 발행한 보고서를 통해 사우디
의 재성석사가 GDP의 50% 이상에 날하니, 이 같은 상황은 사우니의
재정운용 능력에 근본적인 한계를 가져올 것이라고 지적한 바 있다.
바로 이러한 상황이 최근 유가하락과 결부되면서 사우디에 고통스런
구조 조징을 요구하고 있는 것이다.

금년 예산에서는 특히 개발지출이 18.9% 삭감돼 그동안의 인위적인
경기부양 정책이 이제 한계에 이르렀음을 반영하고 있다. 사우디 성부
는 향후 社會間接資本 투자를 억제하고 공업 및 농업 관련 투자도 선
별적으로 시행할 방침이다. 지난해 중반에 아람코(Aramco)社를 확대

개편한 것은 향후 석유산업도 본격적인 구조 조정을 하겠다는 의지의
표현으로 보인다.

지난해 5월 이후 국제유가의 전반적인 하락추세는 석유판매 수
입에 국가재정을 의존하고 있는 중동 산유국들의 경제운용에
커다란 어려움을 주고 있다. 사진은 산유량 감산 석유장관 회
의에 참석한 수브로토 OPEC 사무총장.

한편 사우디는 지난 10여 년간의 경상수지 적자가 누계로 1,000억
달러 이상에 달함에 따라 대외조정도 서두르고 있다. 한때 1,500억 달
러 이상의 해외자산을 보유하고 있던 사우디는 그동안 赤字補塡을 위
한 자산 인출로 자산규모가 줄어들면서 이제는 채무 상환을 연기해야
하는 형편에 놓이게 되었다.

사우디 정부는 지난해부터 미국 정부와 100억 달러 상당의 무기구입
대금 미지불금에 대한 상환조건 재조정을 추진해 금년 1월 중 협약을
체결했다. 이와 관련해 뉴욕 타임즈紙는 지난해 8월 사우디 정부가 필
요시 즉각 인출할 수 있는 해외자산은 70억 달러에 불과하고 연말까지
30~100억 달러의 외채를 도입해야 할 형편이라고 보도한 바 있다.

▪ 이란, 債務償還 再調整에 부심

1988년 對이라크戰 종식 후 한동안 연간 10% 이상의 고도성장을 누려 왔던 이란은 재작년 말부터 급속히 표면화된 외환위기로 경제 전반에 주름이 잡히면서 빠른 시일 내에 이러한 상황을 정상화시키고 자 부심하고 있다.

이란의 외환위기는 1990년 8월의 걸프사태 이후 유가상승에 고무된 이란 정부가 싱품수입과 무기구입을 대폭 늘림으로써 단기간에 보유 외환을 소진한 데서 야기되었다. 이후 유가하락으로 石油收入이 예상 대로 늘어나지 않고 재작년 말부터는 輸入代金 결제 지연 사태가 빚 어져 최근까지 어려운 상황이 이어지고 있는 것이다.

이란의 상품 수입 규모는 1988년 94억 달러에서 재작년 236억 달러 에 이르기까지 연평균 25.7%씩 늘어났으나, 같은 기간 중 상품수출은 82억 달러에서 159억 달러로 연평균 18.2%씩 늘어나 수입 규모의 확 대 속도가 훨씬 빨랐다. 작년에는 외환위기에 대응해 수입 규모를 30% 이상 축소하였으나 수출 역시 감소함으로써 상황의 개선에는 전 혀 기여하지 못하였다.

이란의 외채는 작년 말 현재 총 200억 달러 성노모 구성되고 있는 데, 이 가운데 60~80억 달러는 지불기일이 지난 무역관련 단기 채무 인 것으로 알려지고 있다. 이란 정부는 이러한 延滯債務가 이란 경제 전반에 심각한 악영향을 주고 있을 뿐만 아니라 국내 정치문제로까지 비화됨에 따라 債務 再調整을 서두르고 있다.

금년 2월 이란 정부는 최대 교역 대상국인 독일과 채무 상환 재조정 에 합의함으로써 외환위기 이후 처음으로 채무 재조정에 구체적인 성 과를 거두었다. 이 합의에 의해 이란은 금년 중 지불해야 할 45억 마르크의 무역채무를 1996~2000년 사이에 상환하는 것으로 연장하였다.

한편 이러한 외환위기는 이란 정부의 주요한 失政으로 인식되어 국정 운영에도 어려움을 안겨주고 있다. 취임 후 일련의 개혁조치를 주도해 왔던 라프산자니 대통령은 지난해 재선 시 득표율 하락과 의회의 경제각료 인준 거부 등으로 타격을 받은 데 이어 금년에도 예산 삭감 등으로 곤욕을 치루고 있다.

이란은 금년 3월부터 제2차 5개년 계획을 시행하는데 이란 의회는 그 첫해인 1994/95년도 예산을 정부 원안에서 10% 삭감하는 한편 국내 석유류 가격 인상과 보조금 삭감 등의 계획을 거부하였다. 의회의 이러한 견제로 향후 이란 정부의 경제운용은 더욱 어려워질 것으로 예상된다.

▪ 기타 산유국도 사정 비슷

유가하락으로 경제정책의 전반적인 조정을 요구받고 있는 것은 다른 산유국들도 마찬가지다. 아랍에미리트연합은 금년도 세출예산을 1% 삭감하고 재정적자를 다소 축소하였으며, 오만 역시 금년 예산을 다소 축소하였다. 쿠웨이트는 금년 7월 1일부터 시행되는 1994/95년도 예산을 20% 정도 삭감할 계획이며, 소득세를 도입하는 등 조세정책을 전면 재검토할 예정으로 있다.

이 가운데 아랍에미리트연합은 지난 2월 초 금년도 예산을 공개하였는데, 이에 따르면 세출예산은 176억 디르함(48억 달러)으로 전년대비 1% 정도가 감축되었다. 반면 세입예산은 162억 디르함(44억 달러)으로 전년보다 3억 디르함이 늘어났는데, 특정적인 것은 이러한 증가분을 공공 서비스료 등의 인상을 통해 非石油 부문으로부터 조달한다는 점이다.

또한 쿠웨이트 재무부는 금년 7월 1일부터 시행되는 1994/95년도 예산을 20% 정도 삭감할 계획이라고 밝혔는데, 현재 시행 중인 1993/94년도 예산도 石油收入이 10% 정도 감소될 전망이어서 조정이 시급한 것으로 알려지고 있다. 쿠웨이트는 이와 함께 재정 합리화 및 시장 기능의 도입을 위해 경제제도의 광범위한 조정을 검토하고 있는 것으로 알려졌다.

현재 검토되고 있는 조치 가운데에는 이제껏 면세되었던 자국민의 소득에 대한 과세와 교육·보건 등에 대한 정부보조금 식김 등이 중심을 이루고 있다. 이러한 조치의 실행에는 상당한 국내 여론의 반대가 예견되지만 정부로서는 변화가 불가피하다는 입장을 보이고 있다.

국제유가는 금년 중에도 계속 약세를 보이리라는 것이 일반적인 전망이다. 재정수입과 외화수입의 거의 대부분을 석유 하나에 의존하고 있는 中東 産油國들로서는 어쩔 수 없이 이러한 추세에 적응해야만 하는 것이 현실이다. 그러나 그동안 不勞所得에 가까운 막대한 收入으로 기대수준이 높아진 이들 국가의 국민들에게 조정을 요구한다는 것은 여전히 힘든 일이다.

우리의 입장에서는 최근 이스라엘과 아랍 국가들 간의 평화협상으로 중동시장에 대한 기대가 높아지고 있지만, 주요 산유국들이 어려움을 겪고 있는 현실을 고려할 때 中東進出에 보다 신중을 기해야 할 것으로 생각된다.

[1994. 3]

南阿共, 흑백 공존으로 경제 호전 기대

"남아공화국이 드디어 흑백 공존의 길로 들어선다. 소수의 백인이 다 수의 흑인을 지배해 온 이 나라는 4월 27일 흑백이 함께 참여하 는 多人種 總選을 계기로 새롭게 변화될 전망이다. 남아공의 변화와 그 경제적 의미를 살펴본다."

南아프리카共和國이 드디어 340여 년간에 걸친 백인통치를 종식하 고 흑백 공존의 길로 들어선다.

지구상에서 유일하게 인종차별을 공식화한 나라로 국제사회의 비난 을 받아 온 南阿共和國은 4월 27일 사상 처음으로 흑백인종이 함께 참여하는 多人種 總選을 실시하고 새로운 의회와 정부를 구성한다. 흑 인 대통령의 탄생이 확실시되는 이 선거의 결과는 南阿共和國의 역사 에 일대 전환을 가져올 것으로 예상되며, 세계는 인류 양심의 시험대 로서 그 과정을 주목하고 있다.

현재 南阿共 내에서는 이 선거에 반대하고 기득권을 수호하려는 흑 백 간의 다양한 세력들이 연일 소요를 일으키고 있으나, 대세는 분명 히 선거를 수용하는 방향으로 나가고 있다.

이 선거가 무난히 치러지고 흑백 공존의 새 시대가 열리면 80년대 이후 극심한 침체를 보여 온 南阿共 경제도 회생의 계기가 마련될 것이다.

▪ 만델라, 새 대통령 취임 유력

南阿共和國은 1652년 네덜란드 東印度會社가 식민지로 개척하였으나 19세기 초부터 英國人이 진출하기 시작, 네덜란드系와 英國系 백인들 간에 두 차례에 걸친 보이(Boer) 진쟁을 치른 후, 英國의 지배령이 되었다. 그 후 1910년 南阿聯邦으로 독립하였고, 1961년 南阿共和國으로 국호를 변경하여 현재에 이르고 있다.

남아공화국의 최근 경제동향

	단 위	1990	1991	1992	1993
경상 GDP	억 달러	1,021	1,081	1,148	1,111
실질 GDP 성장률	%	-0.5	-0.4	-2.1	1.1
인 구	만 명	3,670	3,760	3,850	3,950
소비자물가 상승률	%	14.4	15.3	13.9	9.7
수출(FOB)	억 달러	234	237	236	240
수입(FOB)	억 달러	170	174	182	180
경상수지	억 달러	22	27	14	27
총 외채	억 달러	194	181	173	173
환 율	달러 당 Rand	2.59	2.76	2.85	3.26

62

南阿共은 풍부한 지하자원과 백인들의 자본·기술 투자 등으
로 아프리카 대륙에서 가장 선진화된 경제를 자랑해 왔으나
Apartheid로 대변되는 인종차별 정책으로 국제사회에서의 고립
을 자초, 그 개발 잠재력을 잠재워 왔다.

이 나라는 그동안 권력을 잡은 소수 백인들이 다수인 흑인 원주민들
의 권리를 노골적으로 침해하여 세계 여론의 관심을 모았다. 특히 1948
년 이후로는 인종차별의 제도화를 주장하는 國民黨(National Party)이
줄곧 집권하면서 아파르트헤이트(Apartheid)라는 흑인차별 정책을 실
시해 세계적으로 거센 비난을 받아 왔다.

이번 선거는 南阿共의 백인정부가 결국 세계의 비난과 국내의 강력
한 저항운동에 부딪혀 흑인과의 권력 공유에 합의함으로써 이루어지
게 되었다. 여기에는 南阿共 최대의 흑인 저항운동 단체인 아프리카民
族會議(ANC: African National Congress)를 이끌어 온 넬슨 만델라
와, 백인으로서 개혁의 실마리를 마련한 드 클레르크 대통령 등 탁월
한 개인들이 미친 영향력도 컸다.

南阿共의 21개 정당, 사회단체 지도자들은 지난해 11월 인종차별 정
책의 철폐를 핵심으로 하는 過渡憲法을 확정하였는데, 이번 선거는 이
과도 헌법이 정한 일정에 따라 치러지는 것이다. 이에 따르면 이번 총

선에서는 하원 400명, 상원 90명의 국회의원을 선출하며, 국가원수인 대통령은 하원의 첫 회합에서 선출하게 되어 있다. 그리고 의회는 2년 이내에 정식 헌법을 만들어야 한다.

새 정부는 총선에서 5% 이상 득표한 정당들의 비례대표제에 의한 연립내각으로 구성되며 5년간 집권한다. 현재 이 새 정부를 이끌 대통령으로는 넬슨 만델라가 선출될 것이 유력하며, 南阿共의 4,000만 인구 중 흑인이 70% 이상임을 감안할 때 사상 최초의 흑인 대통령이 탄생할 가능성은 매우 높다.

다만 4월 중순 현재 南阿共 정국은 여러 흑백단체들의 시위와 폭력 사태로 매우 어지러운데, 이것은 기존체제에서 혜택을 받아 온 세력들이 총선을 거부하고 있기 때문이다. 그러나 총선에 반대했던 보푸타츠와나 흑인 자치주 정부가 시민들에 의해 전복된 예에서 보듯이, 총선 참여는 南阿共 국민들의 절대적 요구이며 아울러 인류의 양심이 요구하는 바이기도 하다.

南阿共의 21개 정당, 사회단체 지도자들은 흑백 공존의 토대를 마련한 과도 헌법에 합의했다. 南阿共 정국은 아직도 어수선하다. 사진은 지난 4월 8일 만델라 ANC 의장과 클레르크 대통령이 총선 반대파의 주요 세력인 인카타 자유당 및 줄루족 지도자와 회합을 갖는 모습.

▪ 국제사회의 제재 해제로 경기 회복

南阿共和國은 금과 다이아몬드 등 稀貴金屬의 주요 수출국이며, 알
루미늄, 크롬, 망간 등 주요 광물의 매장량이 세계 1∼2위를 다투고
있을 정도로 풍부한 지하자원을 지니고 있다. 백인들이 이 지역의 통
치권을 둘러싸고 두 차례나 전쟁을 벌인 것도 바로 이러한 요인과 관
련이 깊다. 또한 이 나라는 일찍부터 백인들의 자본과 기술에 의해 각
종 제조업도 발달하여, 아프리카 대륙에서 가장 선진화된 나라로 최고
의 경제수준을 유지해 왔다.

그러나 이 나라는 그동안 국민당의 인종차별 정책으로 이에 항의하
는 국제사회로부터 각종 제재를 받아, 개발 잠재력을 충분히 실현할
수 없었다. 이 나라는 이미 1974년에 UN 총회에서 제적되었고, OPEC
의 석유수출 금지 대상국이 되었다. 또한 1986년 이후로는 美國, 日本,
EU 등 세계 대부분의 나라 및 국제기구 등으로부터 교역, 투자 및 대
부 금지 등의 추가 제재를 받았다.

이러한 제재조치와 국내의 정정불안으로 인해 이 나라의 경제는 70
년대 후반부터 급격히 위축되었다. 1982년에 2차대전 이후 처음으로
마이너스 성장을 기록한 데 이어, 그 이후 90년대 초반에 이르기까지
줄곧 경제성장률은 매우 저조하였다. 결국 이 같은 사정이 南阿共의
백인정부로 하여금 人種差別 政策을 철폐하도록 압력을 가한 요인이
된 것이다.

南阿共에 대한 국제사회의 제재는 90년대에 들어와 단계적으로 해
제되고 있다. 이는 1989년 9월 집권한 드 클레르크 대통령이 개혁을
선언하면서 인종차별 정책을 단계적으로 철폐해 왔기 때문이다. 1990
년 7월 美國이 부분적인 解禁措置를 발표한 데 이어 세계 각국이 이

를 뒤따랐으며, 우리나라도 재작년 1월에 南阿共에 대한 경제제재 조치를 해제했다.

南阿共 경제는 이러한 해금조치들에 힘입어 지난해부터 회복 국면을 보이고 있다. 경제성장률은 4년 만에 처음으로 플러스를 기록한 것으로 추정되며, 한동안 계속 철수가 이어지던 외국인 투자도 다시 유입되기 시작했다. IMF를 비롯한 국제기구들도 南阿共에 대한 대부를 재개하였다. 그리고 경제 전반의 회복세를 반영해 지난해 연말에 요하네스버그 증권시장은 1987년 이후 최고의 활황 장세를 보였다.

지난 3월 15일 총선에 반대했던 보푸타츠와나 흑인 자치주 정부가 시민들의 반발로 무너진 직후, 운집한 군중들이 총선 승리를 다짐하는 만델라의 연설을 듣고 있다.

▪ 블랙 아프리카와 유대 강화

南阿共和國은 그동안 국제사회에서 선반석으로 고립되어 왔지만, 특히 흑인들의 고향인 아프리카 대륙에서는 소수의 백인이 흑인을 탄압하는 데 대한 감정적 반발까지 겹쳐 인근 국가들과 거의 적대적인 관계에 있었다. 특히 南阿共의 反政府 인사들이 레소토, 보츠와나 등 인근 국가에서 활동함에 따라 南阿共은 이들 국가 내의 反정부 인사 기지들을 습격한 바 있다.

아프리카 최대의 경제대국인 南阿共이 이처럼 이웃 국가들과 불편한 관계를 지속함으로써 아프리카 국가 간의 지역경제 협력은 정상적인 궤도에 들어서기 힘들었다. 특히 보츠와나, 레소토, 스와질란드, 짐바브웨 등 남부 아프리카 국가들은 대부분 南阿共에 의존하는 경제구조를 지니고 있어 南阿共과의 대립관계는 경제개발에도 크게 불리한 영향을 끼쳐 왔다.

1980년에 결성된 남부 아프리카 개발조정회의(SADCC)는 이들 국가들이 상호 협력으로 南阿共에 대한 경제 종속을 탈피하자는 의도에서 출범시킨 것이다. 그러나 자본과 기술이 부족하고 수출 및 인력 진출, 그리고 전력 등의 사회간접자본까지 대부분 南阿共에 의존하는 이들 국가들이 南阿共을 배제한 채 경제협력의 성과를 거두기는 어려운 것이 현실이었다.

아프리카에 한정해서 본다면 南阿共이 경제제재를 당했다기보다 오히려 제재를 가했다고 하는 표현이 타당할 수도 있다. 그러나 南阿共의 탈바꿈으로 이제 이러한 상황에도 변화가 오고 있다.

드 클레르크 대통령은 1990년 이후 다수의 블랙 아프리카 국가들을 방문해 종래의 적대관계를 개선하기 시작했으며, 코트디부아르, 케냐, 잠비아 등이 南阿共과 수교했고, 상당수 국가들이 南阿共에 무역사무소를 설치했다. 이러한 움직임은 분명히 南阿共과 아프리카 경제 전체에 긍정적인 효과를 가져다줄 것이다.

넬슨 만델라는 지난해 세계 각국을 순방하면서 南阿共의 재건이 시작되고 있다고 선언하고 국제사회가 南阿共의 이러한 재건을 도와주도록 호소했다. 이번의 선거가 공정하게 치러지고 南阿共이 黑白共存의 민주국가로 다시 태어난다면 국제사회가 더 이상 南阿共을 제재할 이유는 없을 것이다. 그리고 변화된 南阿共은 아프리카 경제를 이끌며, 국제사회의 일원으로 충실히 활동할 것이다.

[1994. 3]

南阿共和國의 人權 승리와 그 의미

　얼마 전 우리나라에서도 상영된 "The Power of One"이라는 영화를 본 적이 있는 사람은 그 영화의 무대였던 남아공화국을 참담한 마음으로 기억할 것이다. 자신의 의지로 선택해서 태어난 것도 아닌 인간이 오직 태생이 다르고 피부색이 다르다는 이유만으로 서로를 극단적으로 차별하고, 그 차별을 폭력적인 힘으로 제도화하면서, 강자가 약자에게 끊임없는 고통과 굴종을 강요하는 나라가 바로 그 나라였다.

　그런데 이제 그 남아공화국에 변화가 오고 있다. 최근의 언론매체에서 연일 보도되고 있듯이 과거 340여 년 동안 소수 백인이 다수의 흑인을 지배하면서 극단적인 인종차별 정책을 취해 왔던 그 나라가 지금 흑인에게로 권력의 중심을 이동시킬 선거를 치루고 있는 것이다.

　이 글에서는 남아공화국의 선거와 관련해서 먼저 그 역사적 배경을 살펴보고, 이어서 그것이 지니는 의미를 특히 인권문제의 관점에서 정리해 보고자 한다.

▪ 남아공, 약육강식과 착취의 땅

지금의 남아공화국 땅에는 1652년 네덜란드 東印度會社가 해안 지방인 케이프타운에 식민지를 건설하면서 백인들이 들어오기 시작하였다. 그런데 이후 네덜란드 동인도회사가 파산하면서 케이프타운이 거의 방치상태에 놓이자, 나폴레옹 전쟁 중인 1806년 영국이 이를 강제로 점령하였으며, 전후처리를 논의한 1814년의 비인회의 결과 영국령으로 공식 인정되었다.

이후 영국의 지배에 불만을 품은 네덜란드계 백인들은, 이들을 보어 (Boer)인이라 불렀는데, 내륙지방으로 대규모 이동을 시작했다. 이들은 줄루족, 스와지족 등 내륙지방에 살고 있던 여러 흑인 원주민들과 치열한 싸움을 벌인 끝에 그들을 몰아내고, 1852년과 1854년에 각각 트랜스바알공화국과 오렌지자유국이라는 두 개의 국가를 세웠다.

그런데 그 후 트랜스바알과 오렌지국에서 대규모의 다이아몬드광과 금광이 발견되면서 이 지역은 일약 세계의 주목을 받게 되고 백인들이 대거 이주해 오기 시작했다. 그러자 영국은 다시 이 지역들을 탐내 1880년과 1899년에 보어인들과 두 차례의 전쟁을 벌여 1902년 이 두 나라를 영국령으로 편입시켰다. 네덜란드인이 개척한 땅을 영국이 점령하고, 쫓겨난 네덜란드인들이 다시 흑인을 몰아내서 국가를 세우고, 그 땅을 다시 또 영국이 점령하고 한 이 과정은 오직 약육강식의 논리밖에 없는 제국주의적 침탈의 적나라한 예였다.

특히 보어전쟁을 전후한 시기에 케이프 식민지의 총독이었던 영국인 세실 로즈가 트랜스바일을 병합하기 위해 시도한 일들은 영국 내에서도 강력한 반발여론이 일었을 정도로 비열한 것이었다. 제국주의론의 저자인 J. A. Hobson이 제국주의 과정의 가장 전형적인 예로 영국의 남아프리카 정복과정을 든 것은, 제국주의가 인류사의 '퇴행적 발걸음'이라고 정의한 그의 논리에 비추어 볼 때 그 과정이 그만치 비인간적이었다는 것을 의미한다.

그 후 영국계 백인들과 보어인들은 서로 간에 평화적 공존을 합의하면서 1910년 영국으로부터 독립하여 남아프리카연방을 형성하였고, 이 남아연방은 1961년 남아공화국으로 국호를 변경하여 현재에 이르고 있다.

▪ 인종차별에서 흑백 공존으로

남아공화국이 최근에 이르기까지 특히 세계의 주목을 받게 된 것은 그동안 정권을 잡은 백인들이 흑인들에 대해 유례없이 전근대적인 인종차별 정책을 취해 왔기 때문이다. 한때 치열한 권력투쟁을 벌였던 백인들은 결국 서로 간의 평화적 공존에 타협했으면서도, 오직 피부색이 다르다는 이유만으로 흑인들을 이 공존의 대열에 끼워주는 것은 극구 반대하였다.

1992년을 기준으로 남아공화국의 3,950만 인구 중 백인은 16% 정도에 불과하고, 흑인들은 72%를 차지하고 있으며, 나머지는 다른 유색인종들이다. 소수에 불과한 백인들이 다수인 흑인들을 지배하기 위해서는 필연적으로 강력한 폭력에 의존해야 했으며, 아예 이 폭력을 합법화, 제도화해야 했다. 그러므로 남아공화국에서 백인이 흑인을 폭행하는 것은 전혀 범죄의 여건이 성립되지 않았다.

특히 1948년 이래 남아공화국을 지배해 온 국민당정부는 Apartheid라는 극단적인 인종차별 정책을 실시해 세계의 거센 비난을 받아 왔다. 또한 남아공 내부에서는 흑인들이 각종 단체를 결성해 치열한 저항운동을 벌여 왔다. 이 과정에서 1912년에 결성된 아프리카 민족회의 (ANC: African National Congress)는 수많은 희생에도 불구하고 일관된 저항운동을 전개하여 흑인들의 지지를 받았다.

현재 치러지고 있는 선거를 통해 남아공화국 최초의 흑인 대통령이 될 것으로 보이는 넬슨 만델라는 바로 이 ANC를 이끌어 온 핵심인물이다. 그는 1990년 27년간의 감옥생활에서 석방되어 다시 ANC를 이끌며, 흑인의 권리 회복을 위해 투쟁해 왔다.

남아공화국에서 백인들이 결국 권력의 독점을 포기하고 흑인과의 공존에 합의하게 된 것은 근본적으로 흑인들의 저항을 힘으로 누르는 데 한계가 왔기 때문이다. 게다가 세계 각국의 경제제재로 남아공화국 경제가 극심한 위기 상황에 놓이게 되었다는 점과, 1989년에 집권한 드 클레르크 대통령의 용기 있는 결단 등도 중요한 요인으로 작용하였다.

▪ 남아공 선거의 의미

남아공화국은 아프리카 최대의 경제대국으로서 이번 선거를 통해 기다린 變化를 겪을 것이 분명해 이 선거가 지니는 의미는 다각도로 조명될 수 있다. 이 글에서는 특히 인권문제의 관점에서 이 선거의 의미를 다음과 같은 몇 가지 점으로 파악해 보고자 한다.

첫째는 인간의 자유와 권리가 결코 폭력으로 무한정 억압될 수 있는 것이 아니라는 교훈을 극적으로 보여주고 있다는 점이다. 백인 정권이 흑인을 억압하면서 그 노동력을 착취하기 위해 자행해 온 폭력은 가혹한 것이었으나, 이에 굴하지 않고 투쟁해 온 흑인들의 노력이 결국 이번 선거를 끌어내게 된 것이다.

두 번째는 여전히 약육강식의 논리가 유용한 국제사회에서 인류가 양심의 이름으로 인권 회복에 협력하여 좋은 결과를 이끌어 낸 귀중한 경험이라는 것이다. 남아공의 이번 선거는 국제사회의 제재로 인한 경제적, 외교적 고립이 큰 배경요인이 되었다는 점을 고려할 때, 이 의미는 결코 소홀히 할 수 없다. 이것은 특히 인권탄압에 대한 전 인류의 공동대응을 표방한 UN 헌장의 이념이 적극적으로 실현된 좋은 예라고 할 수 있다.

다음으로는 흑인이 지배하면서 백인이 권력의 주변부에서 소수민족으로 공존하는 현대사회에서 그야말로 보기 드문 주권국가의 모델이 생기게 되었다는 점이다. 이것은 향후 아메리카나, 기타 제3세계의 다민족 국가들에도 많은 것을 시사할 수 있으리라 생각된다. 중요한 것은 피부색이 문제가 아니라 인간이면 누구나 정당한 권리를 행사할 수 있다는 인식을 확산시키게 될 것이라는 점이다.

마지막으로 남아공화국의 미래와 관련하여 세계가 특히 주목해야 할 것은 앞으로의 흑백관계가 평화적인 틀 속에서 지속되어 가느냐 하는 점이다. 현재 남아공화국 내에서는 향후 흑인들의 독재와 백인에 대한 보복의 가능성이 조심스럽게 거론되고 있다. 만약 이러한 사태가 전개된다면 인류는 다시 이에 대해서도 강력히 규탄해야 할 것이다.

미국의 흑인 민권운동가인 마틴 루터 킹 목사가 남긴 "I have a Dream"이란 유명한 연설은 흑인, 백인, 황인의 자식들이 손을 맞잡고 다정하게 뛰어노는 세계가 자신이 꿈에 그리는 세계라고 묘사하고 있다. 인간이라는 존재의 치부를 극단적으로 보여 온 남아공화국의 역사가 이제 그런 꿈의 세계로 들어서고 있는 것인지, 우리는 기대 속에서 주목해야 할 것이다.

[1994. 4]

실패한 통일 모델, 南北예멘

"4년 전 합의에 의한 통일로 분단국가의 통일 모델로 새로운 유형을 제시했던 南北예멘이 다시 갈라져 內戰을 벌이고 있다. 南北예멘의 통일은 결국 실패로 끝날 것인가? 우리에게는 무엇을 시사하고 있는가?"

南北예멘이 통일된 지 4년 만에 다시 갈라져 內戰을 벌이고 있다. 지난 4월부터 산발적인 충돌을 빚어 왔던 양측 군대는 5월 초부터 全面戰에 돌입, 치열한 싸움을 계속하고 있다. 5월 중순 현재 戰況은 北예멘軍이 전반적으로 우세한 가운데 南예멘의 수도 아덴 근교에서 공세를 펼치고 있으나, 南예멘軍의 저항이 완강해 점차 교착 국면에 빠지고 있는 것으로 알려지고 있다.

開戰後 인근의 아랍 국가들과 UN이 중재에 나선 상태에서 南예멘 측이 휴전을 제의하였으나 北예멘 측은 이를 즉각 거부하였다. 4년 전 분단국가의 새로운 통일 모델로 우리의 관심을 모았던 南北예멘이 다시 분열의 위기에 빠지게 된 이유는 무엇인가? 南北예멘의 통일은 결국 실패로 끝난 것인가?

▪先 통합 後 조정의 실패

1990년 5월 南北예멘은 전격적으로 통일을 선언하였다. 베를린 장벽이 무너진 뒤 몇 개월 만에 이어진 이 사건은 당시 세계적 화해 분위기를 반영하는 일련의 극적인 사건 중 하나로 분단국가인 우리에게는 적지 않은 신선한 충격을 주었다. 중동에서 가장 가난한 나라들인 南北예멘이 특히 우리에게 관심의 대상이 된 것은 이들의 통일이 분단국가의 통일 모델로 새로운 유형을 제시했다는 점 때문이었다.

南北예멘의 통일은 베트남식의 무력 통일이나 獨逸式의 흡수 통일처럼 어느 한쪽이 상대방을 일방적으로 굴복시킨 것이 아니라, 서로 간의 협상에 의한 합의를 바탕으로 이루어진 것이었다.

당시의 합의는 30개월의 시한을 갖는 과도적인 중앙정부가 국방 및 외교부문을 관장하면서 내정은 기존의 남북정부에 그대로 위임한다는 것이었다. 그리고 과도 시한이 지나면 총선을 통해 실질적인 단일정부를 구성한다는, 일종의 연방제적 통일을 매개로 한 단계적 접근 방식을 취한 것이었다.

아라비아반도의 남단에 위치한 예멘은 기원전 10세기경 시바왕국이 번영을 누려 한때는 '행복한 아라비아(Arabia Felix)'라고 불리기도 했다. 오랜 역사를 지닌 이 나라가 南北으로 분열된 것은 19세기 말 英國이 인도양 진출을 위한 거점으로 남부의 아덴港 일대를 점령한 데 직접적인 원인이 있다.

이후 南北예멘은 독자적인 길을 가 北예멘은 1962년 군사쿠데타로 왕정이 무너지고 親西方路線을 지향하는 공화정부가 들어섰으며, 南예멘은 1967년 英國으로부터 독립한 후 줄곧 親蘇路線을 추구하는 사회주의 국가로 자리 잡아 온 것이다.

　독립 후 이 두 나라는 70년대 두 차례의 무력분쟁을 겪는 등 대체로 적대적인 관계를 유지해 왔다. 외세의 강점으로 분단된 민족이 2차 대전 후 이데올로기를 배경으로 한 東西冷戰의 영향으로 적대적인 관계를 형성하고, 그 결과 동족상잔의 분쟁을 겪은 점 등은 우리의 역사와도 비슷하다. 그러므로 南北예멘의 통일은 우리에게 새로운 가능성을 시사했던 것이다.

5월 초, 바그다드에서의 기자회견에서 北예멘의 살레 대통령이 南예멘의 즉각적인 항복을 요구하며, 외국의 어떠한 중재 협상도 거부한다고 선언하고 있다.

　4년 전 이 두 나라가 통일을 성취할 수 있었던 요인은 여러 가지로 분석됐다. 그중 중요한 요인으로는 舊蘇聯의 개혁으로 南예멘이 경제, 외교적으로 고립되었다는 점, 北예멘의 유전개발로 南예멘인들의 통일에 대한 기대가 높아졌다는 점, 北예멘이 내정의 안정으로 통일에 주도적인 역할을 할 수 있었다는 점 등이 지적되었다.

그러나 통일 예멘은 불과 4년 만에 다시 갈라져 싸우게 되어 결과적으로 예멘식의 통일 모델이 실패한 것이라는 느낌을 주고 있다. 이에 대해서는 先 통합 後 조정을 시도한 양측 지도부의 성급한 통합, 또는 국민들의 자발적 힘에 의하지 않은 위로부터의 통합이 실패했다든가, 양측 간 체제의 공존을 토대로 한 연방제 형식의 통일이 실패한 것이라는 등 다양한 분석이 따르고 있다.

· 권력마찰, 경제난이 갈등 요인

南北예멘은 獨逸과 비슷한 시기에 통일되었지만, 베를린 장벽을 넘는 東獨人들의 모습과 같이 적극적인 국민들의 힘으로 통일되었다기보다 양측 지도자들의 이해 공유를 바탕으로 한 합의에 의해 통일되었다. 그러므로 지도자들의 이해가 달라질 때 상황 변화가 생길 가능성은 컸으며, 실제로 이번 분쟁의 일차적인 원인은 南北 지도자들 간의 권력 마찰에 있다.

통합 이전 南北예멘의 경제력(1989년 기준)

	단 위	北예멘	南예멘
면 적	만 ㎢	20.0	33.7
인 구	만 명	1,013	242
GDP	억 달러	88.5	13.0
1인당 GDP	달러	874	539
수 출	억 달러	6.1	1.4
수 입	억 달러	12.8	5.5
외 채	억 달러	55.0	30.0
원유생산량	만 B/D	20.0	1.5
환 율	美貨 1달러당	9.76리얄	2.90디나르

세계 최빈국 중의 하나인 예멘은 현재 연간 100% 이상의 인플
레, 30% 이상의 실업률을 보이는 것으로 추정된다. 이러한 상황
역시 통일에 대한 불만 요인으로 작용하였다.

4년 전의 통일 합의는 北예멘의 살레 대통령이 통일정부의 대통령
이 되고 南예멘의 바이드 대통령이 부통령을 맡기로 했지만, 기타 공
직은 남북 간에 50:50으로 배분하는 등 철저한 권력 분점을 조건으로
한 것이었다. 그런데 이러한 합의는 인구 구성비와 현실적인 국력의
차이를 반영하지 않은 것으로, 그 후 단일정부를 구성하는 데 있어 남
북 측 모두에게 불만을 안겨주는 요인이 되었다.

지난해 4월에 실시되었던 통일 의회 구성을 위한 총선에서는 北예
멘 측의 국민의회당(GPC)과 이슬라당(IP)이 각각 121석과 62석을 얻
은 데 반해, 南예멘 측의 예멘 사회당(YSP)은 52석을 얻는 데 그쳤
다. 이것은 남북 간의 인구비가 거의 1:4에 해당되는 점을 고려할 때
당연히 예상될 수 있는 결과였지만, 권력 분점의 원칙을 깨뜨린 것으
로 남측의 심한 반발을 샀다.

그 후 얼마 지나지 않아 남측의 바이드 부통령은 집무를 거부하고
통일 수도인 북측의 사나를 떠나 아덴으로 되돌아갔으며, 정국은 극도

로 혼미해졌던 것이다.

　이러한 상황에서 통일 이후 예멘 경제의 급격한 악화는 통일을 기대했던 국민들에게도 실망을 안겨준 요인이 되었다. 이것은 특히 살레 대통령의 외교노선의 실패가 결정적으로 작용한 것이었다는 점에서 정치적 분쟁의 소재가 되기에도 충분했다.

　예멘은 국민소득 700달러 내외에 불과한 세계 최빈국 중의 하나로 외부 원조에 경제를 크게 의존해 왔다. 그런데 예멘 정부는 1991년 걸프戰 당시 이라크의 편을 들어 사우디아라비아와 쿠웨이트 등 기존의 주요 원조 제공 국가들로부터 불만을 사게 되었다. 이후 이들 국가는 예멘에 대한 원조를 중단한데다 자국 내에 취업하고 있던 약 70~100만 명의 예멘인들을 추방함으로써 예멘 경제에 결정적인 타격을 주었던 것이다.

　현재 예멘은 연간 100% 이상의 인플레, 그리고 30% 이상의 실업률을 보이고 있는 것으로 추정되고 있다. 이 같은 상황이 통일 이후 급작스럽게 초래되었다는 점에서 통일 그 자체에 대한 불만도 늘어나게 된 것이다.

南北예멘의 치열한 内戰은 합의 통일을 신선한 충격으로 지켜본 세계를 실망시키고 있다. 통일 비용으로 어려움을 겪고 있는 독일의 경우와 함께 南北예멘의 경험은 우리에게 시사하는 바 크다.

여기에다 이질적인 체제하에서 생활해 온 양국 국민들이 통일 이후 상대방 측의 사회적 태도에 서로 불만을 가지게 된 점 등도 갈등의 배경이 되었다.

▪ 전쟁으로 앙금 깊어질 듯

南北예멘 간의 내전은 아직 진행 중인 상황에 있어 그 결과를 속단하기 어렵다. 현재까지의 戰況대로 북측이 계속 우세를 보여 남측을 완전히 정복한다면 북측의 힘을 바탕으로 강제적인 통일이 유지될 것이다. 그러나 북측이 그렇게 압도적인 힘을 가지고 있지는 못하기 때문에 결과는 교착 국면에서 외부의 중재로 휴전에 이를 가능성이 높다.

만약 휴전이 성립된다면 그것은 바로 통일 이전의 상황으로 되돌아간다는 것을 의미하며, 현재 남측이 원하는 것은 바로 이러한 결과이다. 그리고 설사 북측이 승리해서 남측을 강제로 병합한다 하더라도 남측 사람들을 끌고 가기에는 엄청난 부담이 따를 것이다. 이번의 전쟁으로 양측의 앙금이 더욱 깊어져 상당한 후유증이 남을 것이기 때문이다.

남측이 재분리를 원하는 것은 통일의 결과 자신들로서는 얻은 것이 없다는 판단에 기초하고 있다. 이것은 권력에서 소외된 남측의 지도부는 물론 경제적으로 나아진 것이 없는 남측 국민들의 정서에도 부합되는 것으로 보인다.

南北예멘은 80년대 중반부터 거의 동시에 유전개발에 착수했으나 서방기업들이 개발한 북측에서는 고무적인 성과가 나온 반면, 舊蘇聯이 개발한 남측에서는 그 성과가 미미했다. 4년 전 南예멘이 통일에 합의했을 때는 舊蘇聯의 원조가 끊긴 상태에서 北예멘의 석유에 대한 기대가 매우 높았으며, 이것이 통일을 끌어낸 중요한 힘의 하나로 작용했던 것이다.

그런데 통일 후에는 서방기업들이 南예멘의 유전개발을 본격적으로 착수해 샤브와, 하드라마우트 등에서 상당히 고무적인 결과를 얻었다. 南예멘이 다시 분리를 원하는 데에는 이러한 요인도 크게 작용하고 있는 것이다.

어쨌거나 南北예멘은 4년 전의 통일을 감동적으로 지켜본 많은 사람들에게 실망을 안겨주고 있다. 獨逸이 통일 비용을 치르느라 겪는 어려움과 함께 南北예멘의 경험은 분단국가인 우리에게 통일이 얼마나 어렵고 신중하게 풀어나가야 할 과제인가를 새삼 일깨워 주고 있다 할 것이다.

[1994. 5]

南阿共, 종합 개발 계획 추진

"先進經濟와 後進經濟가 병존하는 두 얼굴의 나라, 거대한 잠재력
에도 불구하고 흑백 간의 인종대립으로 일그러져 왔던 南阿共의 경제
가 마침내 흑백 공존으로 새로운 가능성을 보이고 있다. 아프리카의
새 희망, 남아공화국의 미래를 現地調査를 통해 가늠해 본다."

요하네스버그의 잔 스머트(Jan Smuts) 국제공항에 내려서 시내 쪽
으로 차를 타고 처음 가보는 사람은 자신이 지금 워싱턴 D.C.나 로스
앤젤레스 국제공항에 잘못 내린 것이 아닌가 하는 착각을 갖게 된다.
시내에 이르기까지 줄곧 시속 120㎞ 이상의 속도가 가능하도록 시원
하게 뻗은 도로, 푸른 숲 속에 자리한 산뜻한 집들, 그리고 이윽고 눈
앞에 펼쳐지는 높은 빌딩群…… 아프리카를 가난과 기아와 무지의 땅
이라는 이미지로 인식했던 사람들은 자신이 지금 남부 아프리가 최대
의 도시에 와 있다는 사실을 새삼 확인해야 한다.

더욱이 인구 300만의 대도시이면서도 도시 전체가 마치 한 폭의 그
림처럼 아름다운 케이프타운에 이르면 누가 이곳은 아프리가가 아니
라고 말하더라도 그저 고개를 끄덕이게 된다.

그러나 이곳은 여전히 아프리카다. 그것도 가난과 기아와 무지로 고

82

통 받는 슬픈 흑인들의 이야기가 가득한 전형적인 아프리카다.

두 얼굴의 나라, 南아프리카共和國. 이 나라가 지금 새로이 탈바꿈하기 위해 커다란 용틀임을 하고 있다.

▪ 착취에서 공존으로

美國이나 유럽의 대형 쇼핑몰을 연상케 하는 南阿共和國 주요 도시의 쇼핑몰을 둘러보면 이 나라가 누리는 富가 세계 최상의 수준이라고 느끼게 된다. 그러나 지난해 이 나라의 1인당 GDP는 우리나라의 절반에도 못 미치는 2,800달러에 불과했다.

느낌과 통계의 이 같은 불균형은 市 외곽으로 쫓겨나 있는 흑인들의 주거지를 보는 순간 이해가 된다. 흡사 50년대 우리나라의 피난민촌을 연상케 하는 열악한 주거환경에서 이 나라 국민의 70% 이상인 다수의 흑인들이 살고 있는 것이다.

얼마 전까지 아프리카 최대의 경제부국 南阿共和國이 누리던 富는 인구의 16%에 불과한 소수의 백인들만이 향유할 수 있는 것이었다. 그런 조건을 만들기 위해 다수의 흑인들은 억압과 착취와 가난에 찌들어 살아야 했다.

그러나 이제 南阿共和國의 흑인들은 행복한 기대에 젖어 있다. 지난 4월 말의 선거를 통해 342년 만에 정권이 백인에게서 흑인에게로 넘어갔고, 만델라 대통령의 새 정부는 흑인들에게 많은 것을 약속하고 있기 때문이다.

한반도의 5.5배에 달하는 광대한 국토, 세계 매장량의 40%를 차지하는 金을 비롯해 다이아몬드, 망간, 크롬 등 풍부한 지하자원, 잘 발달된 사회간접자본과 철강·화학 등 기간산업…… 南阿共和國은 앞으로도 더욱 잘살 수 있는 가능성이 얼마든지 있는 나라다.

　이렇게 거대한 잠재력을 가지고서도 南阿共和國 경제는 지난 80년
대 이후 오히려 퇴보를 거듭해 왔다. 그것은 아파르트헤이트(Apartheid)
라 불린 백인 정권의 인종차별 정책이 가져온 내부 갈등과 국제사회
의 제재로 정상적인 경제운용이 불가능했기 때문이었다.

남아공화국 선거 최종 결과

	득표율(%)	의석 수	사표 수
아프리카 민족회의(ANC)	62.65	252	18
국민당(NP)	20.39	82	6
인카타자유당(IFP)	10.54	43	3
자유전선(FF)	2.17	9	–
민주당(DP)	1.73	7	–
범아프리카회의(PAC)	1.25	5	–
아프리카 기독민주당(ACDP)	0.45	2	–
계	99.18	400	27

ANC의 재건 · 개발 계획(RDP) 개요

	주요 내용
기본목표	식민주의 · 인종차별주의가 낳은 정치 · 경제 · 사회 · 문화 전반의 모순과 왜곡 시정
기본 6원칙	① 종합적 · 지속적 프로그램　②국민이 시행 주체 ③ 모두에게 평화와 안정　④ 국가 건설 ⑤ 재건과 개발의 연계　⑥ 민주화
핵심 프로그램 ① 기본 욕구 충족 ② 인력자원 개발	• 일정 부분 토지 재분배 • 주택 100만 호 이상 선설 • 250만 가구 전력 공급　• 보건 · 통신 서비스 확대 • 인종 · 성별 차별 없이 균등한 교육 · 훈련 기회 제공 • 문학 · 예술 · 체육 등 기회 확대

	주요내용
③ 경제건설	• 고용・소유・기술 등의 인종・성별 격차 해소 • 자원 기반형 공업화 추진 • 노동자의 권리 확대 • 국제사회 및 남부 아프리카 국가들과의 관계개선
④ 국가・사회의 민주화	• 중앙 및 지방정부, 사법부, 공공기관 등의 민주화 • 민주적 정보시스템 구축
집행계획	• 기존 재원의 합리적 재분배 • 금융 부문 개선으로 자금 동원능력 제고 • 전력・통신 부문은 수익자 부담. • 조세제도 개선으로 증세 없이 재원 조달

그런데 이제 선거 후 南阿共和國의 정치와 사회는 크게 안정되었다. 선거 前의 온갖 소요와 혼란 때문에 그 후유증을 우려했던 사람들은 선거 후의 평화에 오히려 당혹감을 느낄 정도이다. 국제사회 역시 대부분 제재를 해제하고 南阿共의 새 출발을 돕기 위한 원조를 약속하고 있다.

▪ ANC의 재건・개발 계획, 흑인복지 향상 역점

지난 4월 26일 시작되어 5월 6일 최종 집계가 나온 선거의 결과 넬슨 만델라가 이끄는 아프리카 民族會議(ANC)가 총투표인 수의 62.65%를 득표해 제1당이 되었다. 과거의 집권당이었던 국민당(NP)은 제2당으로 바뀌면서 드 클레르크 前 대통령은 제2부통령이 되었다.

한편 27명의 각료는 선거에서 5% 이상 득표한 정당 간에 비례 대표제로 배분한다는 過渡憲法의 규정에 따라 ANC가 18명, 국민당이 6명, 인카타자유당(IFP)이 3명을 차지하게 되었다.

이제 名實相符한 집권당이 된 ANC는 차별과 대립으로 일그러져 온 南阿共和國을 새롭게 변화시켜야 할 막중한 과제를 안게 되었다.

342년 만의 정권교체라는 실로 혁명적인 변화가 일어났지만 진정한 변화는 이제부터 시작되어야 하는 것이다.

그러나 선거 후 40여 일이 지난 현재 南阿共和國의 변화를 피부로 느낄 수 있다고 말하는 사람은 거의 없다. 국회의원과 장·차관들이 바뀐 것 이외에 南阿共和國의 어떤 분야에서도 기존의 현상과 관행이 그대로 유지되고 있는 것이다.

흑과 백을 대표하는 이들 두 지도자에 대한 국민적 신뢰와 지지를 바탕으로 남아공화국은 이제 새 국가 건설의 공감대를 형성해 가고 있다.

넬슨 만델라 대통령과 드 클레르크 제2부통령

남아공화국의 향후 경제전망

	단 위	1994	1996	1997
실질 GDP 성장률	%	2.8	5.2	3.6
민간소비 증가율	%	1.7	5.3	4.4
고정자본 형성 증가율	%	3.5	18.9	12.6
소비자물가 상승률	%	8.1	11.7	14.8
金 가격	온스당 달러	389	450	453
환 율	달러당 란드	3.54	3.64	3.79

자료: Econometrix

넬슨 만델라 대통령의 취임일성은 국민들의 단합을 무엇보다 강조
했으며, 新정부는 기존의 질서를 침해해서는 이러한 단합의 유지가 절
대로 불가능하다는 것을 현실적으로 인식하고 있는 것이다.

이런 가운데서도 ANC는 선거 후 再建·開發計劃(RDP: Reconstruction
and Development Programme)이라는 종합적인 개발 계획을 내놓았
다. 이 개발 계획의 핵심은 극도로 열악한 흑인들의 복지를 향상시킨
다는 데 있다. 이를 위해 향후 5년 내에 100만 호의 주택을 건설하고
250만 호의 가구에 전력을 공급한다는 등의 야심적인 사업을 제시하
고 있다.

그러나 ANC 역시 이 계획 추진의 기본원칙으로 '모두에게 평화와 안
정(peace and security for all)' 그리고 '국가 건설(nation-building)'이
라는 구호를 적극 강조하고 있다. 이것은 역시 기득권 상실에 대한 과거
특권 계층의 우려를 불식하기 위한 것이다.

▪ 향후 경제전망, 대부분 낙관

현지의 경제 전문가들은 南阿共의 미래와 경제전망에 대해 대부분
낙관적인 견해를 나타내었다. ANC 경제기획팀의 자바렛 루스톰지 박
사는 아파르트헤이트 정책이 초래한 경제구조의 왜곡만 바로잡더라도
南阿共 經濟가 성장할 수 있는 가능성은 충분하며, 자신들이 입안한
재건·개발 계획은 바로 여기에 초점을 맞추고 있다고 말했다.

그 과정에서 반드시 요구될 所得再分配 政策이 가져올 흑백 간의
갈등 재발 가능성에 대해서도 역시 문제가 없다는 견해가 지배적이었
다. ANC 관계자들은 자신들이 점진적인 접근방법을 취하고 있으며,
신규사업과 고용창출을 통한 자연적인 소득재분배에 역점을 두고 있

지 가진 者의 것을 빼앗아서 없는 者에게 나눠주는 방식을 취하는 것이 아니라고 설명했다.

요하네스버그 商工會議所의 쟈거 회장은 소득격차가 이미 흑백이라는 인종문제의 차원을 넘어섰으며, 흑인 중에서도 차츰 중산층이 형성되고 있어 소득 재분배가 벌써 자연스럽게 진행되고 있다고 주장했다.

민간경제연구소인 Econometrix의 베스터 실장 역시 정치 · 경제 전반에 관해 낙관적인 전망들을 이야기하며, 자신은 이러한 전망이 매우 현실적인 것이며 반드시 실현될 것으로 믿는다고 이야기했다.

그러나 이들도 몇 가지 점에서 유보적인 견해를 부연하는 것은 잊지 않았다. 베스터 실장은 南阿共이 지금은 국제사회와 일종의 밀월기간(honeymoon period)을 거치고 있지만, 향후 중장기적으로는 치열한 경쟁관계에 놓이게 될 것이라고 전망했다.

南阿共 中央銀行의 메이저 부총재는 외국인 투자제도를 포함한 모든 대외 경제정책이 향후로는 보다 개방적으로 바뀔 것이지만 현재로서는 구체화된 것이 없이 모색하는 단계라고 말했다.

한편 우리나라의 현지 대사관과 무역관, 상사 주재원들은 南阿共 시장이 분명히 보다 밝아질 것으로 보지만, 5년 후 최종 헌법을 만들 때 갈등이 재발할 가능성과 현재 77세의 고령인(1918년생) 만델라 대통령의 후계자 문제로 ANC가 내분을 겪을 가능성 등을 조심스럽게 거론했다.

▪ 새 국가 건설의 공감대 형성

요하네스버그 시내에서는 흑인들이 언제 올지 모르는 승합버스를 기다리느라 길게 줄을 서서 하염없이 기다리는 모습을 얼마든지 볼 수 있다. 과거 백인 정권은 흑인들을 시 외곽으로 몰아내고 백인촌에 접근하지 못하도록 하기 위해 대중 교통수단을 거의 만들지 않았다.

그런데 이렇게 줄을 서서 기다리는 흑인들은 도요타 자용차를 타고 씽씽 지나가는 백인들에 대해 선거 후에도 전혀 욕을 하지 않았다. 필자가 만난 흑인들은 한결같이 "로마는 하루아침에 이루어지지 않았다"는 成語를 인용하며 자신들의 생활이 나아질 것으로 기대하지만, 하루아침에 바뀌기를 원하지는 않는다고 이야기했다.

반면 백인들은 대부분 정권교체를 현실로 인정하고 수용하는 자세를 보였다. 그들은 아파르트헤이트 시절에 자신들 역시 소득이 매년 감소되는 어려움을 겪었으며, 치안부재로 불안 속에 살아야 했다고 말했다. 그들은 선거 후의 평화가 자신들에게도 매우 고무적이며 앞으로 소득도 향상되기를 기대한다고 말했다.

엄청난 갈등과 대립을 겪은 사람들치고는 놀라울 만큼 서로 간에 共感帶가 형성되고 있었다. 그것은 힘겹게 찾은 이 평화가 다시 깨어져서는 안 된다는 절박한 바람에 기초한 것으로 보였다. 그리고 이 평화의 중심에 만델라 대통령과 클레르크 부통령이라는 두 지도자가 얻고 있는 광범한 국민적 신뢰와 지지가 있다는 것을 모든 사람들과의 대화에서 느낄 수 있었다.

희망봉을 품고 있는 아프리카 최남단의 나라 南阿共和國. 이 나라의 미래는 많은 어려움에도 불구하고 대체로 희망적인 것으로 보인다. 그리고 이 나라의 발전은 가난과 기아, 무지의 굴레에서 벗어나지 못하고 있는 아프리카 대륙의 여러 나라에도 새로운 희망을 안겨주게 될 것이다.

[1994. 6]

韓·남아공 실질적 협력 기반 구축

金泳三 대통령과 만델라 대통령. 세계적인 민주투사, 인권투사로서의 경험을 공유한 두 정상의 만남은 남다른 우의를 과시할 것이다.

'세계적 민주투사의 만남'

南아프리카共和國의 넬슨 만델라(Nelson Mandela) 대통령이 7월 6일부터 2박 3일간의 일정으로 우리나라를 방문한다. 만델라 대통령은 지난해 4월 全世界的으로 큰 관심을 모으며 시행된 南阿共和國 최초의 全 人種 선거에서 자신이 이끈 아프리카 民族會議(African National

Congress: ANC)가 압도적 지지를 얻음으로써 대통령에 취임하였다.

白人 정권의 인종차별 정책에 대항해 人權鬪士로서 세계적 명망을 얻고 南阿共 최초의 흑인 대통령에 취임한 만델라 대통령의 이번 訪韓은 그 자체로서 상당히 상징적인 의미를 지닌다. 오랜 군사독재에서 벗어나 민주화의 새로운 전기를 맞고 있는 우리나라가 역시 새로운 국가 건설의 전기를 맞은 南阿共和國과 상호간의 우의를 과시하는 계기가 되기 때문이다.

또한, 이번 만델라 대통령의 訪韓 기간 중에는 양국 간에 投資保障協定과 二重課稅防止協定, 文化協定 등이 체결됨으로써 두 나라 간에 실질적인 경제협력의 기반이 공고히 다져지는 계기도 마련된다.

南阿共和國은 아프리카 최대의 經濟 富國이나 그동안에는 白人 정권의 인종차별 정책으로 국제사회에서 제재를 받아 왔다. 우리나라와도 1992년에 들어와서야 수교를 하였다. 짧은 교류의 역사에도 불구하고 이번 만델라 대통령의 訪韓으로 南阿共和國과 우리의 관계가 급속히 가까워짐에 따라 앞으로 우리의 對아프리카 진출에 상당히 긍정적인 환경이 조성될 것으로 예상된다.

▪ 아프리카의 경제 富國

아프리카 대륙의 남쪽 끝에 자리 잡고 있는 南阿共和國은 정권을 잡은 소수의 백인이 극단적인 인종차별 정책으로 인구의 절대다수인 흑인을 탄압하여 세계의 지탄을 받아 온 나라이다. '아파르트헤이트(Apartheid)'라는 이름으로 惡名이 높았던 백인 정권의 인종차별 정책은 우리에게도 잘 알려진 바 있다. 그러나 한편으로 아파르트헤이트를 제외한 나머지 모든 부분은 사실 잘 알려져 있지 않은 편이다.

南阿共和國은 韓半島의 약 5.5배에 달하는 122만㎢의 광대한 국토를 지니고 있으나, 인구는 작년 말 현재 4,180만 명으로 우리와 비슷하다. 이 나라는 國號에 아프리카라는 단어를 지니고 있으나, 우리가 일반적으로 연상하는 블랙 아프리카의 여러 나라들과는 많은 점에서 현저히 다른 특징을 지니고 있다.

우선 이 나라의 경제력은 다른 아프리카 국가들의 그것을 압도한다. 南阿共和國의 국내총생산과 교역 규모는 50여 개 국가가 있는 아프리키 대륙의 20% 이상을 차지한다. 이 같은 경제력 비중은 물론 상대적인 것이며, 절대적으로 본다면 우리나라보다도 현저히 작다. 그러나 지난 수십 년 동안 국제사회의 각종 제재로 정상적인 경제운용이 불가능했던 상황에서 이 같은 경제력을 유지해 왔다는 점이 南阿共和國 경제를 돋보이게 하는 요인이다.

다음으로 이 나라는 아프리카 대륙에서 백인들이 가장 먼저 식민지화했으며, 가장 늦게까지 지배했던 나라이다. 그 영향으로 이 나라는 현재 아프리카에서 가장 서구화된 나라가 되어 있다. 이 나라의 경제력이 다른 아프리카 국가들을 압도하는 이유도 사실 백인들의 자본과 기술이 기여했기 때문이라 할 수 있다.

본래 흑인들이 뛰어있던 이 나라에 백인들이 본격적으로 들어오기 시작한 것은 1652년 네덜란드 東印度會社가 케이프다운 지역에 印度항로의 중간 기착지로 식민지를 건설하면서부터이다. 그 후 19세기 초에는 英國이 이 지역을 지배했고, 19세기 말부터 북부지방에서 金과 다이아몬드가 대규모로 발견되면서 세계 각처료부터 이주자들이 몰려들었다.

현대적인 무기로 흑인들을 정복한 백인들은 광산 및 농장 개발에 필요한 흑인들의 노동을 착취하기 위해 가혹한 탄압 정책을 취해 왔다. 특히, 1948년에 집권한 國民黨(National Party: NP)은 '격리'라는 의미의 아파르트헤이트 정책을 내세우고, 그 탄압의 도를 유례없이 높였다. 국민당은 작년의 선거에서 제2당으로 물러날 때까지 장기 집권하면서 南阿共和國을 인권의 死角地帶로 만들었다.

세계 각국은 南阿共和國 정부의 이러한 非인간적인 인종차별 정책에 항의해 경제제재를 포함한 각종 제재를 가하였다. 또한, 南阿共和國 내적으로는 흑인들이 反정부 단체들을 조직해 격렬하게 저항했다. 이번에 집권한 ANC는 1912년 흑인들을 중심으로 여러 인종의 대표들이 모여 결성한 인권 운동 단체로서, 그동안의 저항운동에 핵심적인 역할을 해 왔다.

▪ 새로운 국가 건설에 매진

南阿共和國에 변화의 바람이 불기 시작한 것은 1990년 2월 국민당의 당시 클레르크(F. W. de Klerk) 대통령이 아파르트헤이트 정책의 철폐를 공식 선언하면서부터이다. 이 선언 직후 흑인 저항운동의 상징적 인물이던 만델라 現 대통령이 27년간의 수감 생활에서 풀려났다. 만델라 대통령은 ANC 청년 동맹과 무장투쟁 조직인 '민족의 槍(Umconto we Sizwe)'을 이끌다가 1962년 체포되었다.

'흑백 공존'
남아공 사상 처음으로 흑인에게 선거권이 부여된 지난해 4월의
선거에서 만델라는 압도적 지지로 대통령에 당선되었다.

이후 클레르크 前 대통령과 만델라 現 대통령은 협상과 타협으로
새작년 11월 새로운 과노 헌법을 마련하였다. 이 헌법에 따라 사상 최
초로 흑인들에게도 선거권이 부여된 全 인종 선거가 작년 4월 실시되
어, 여기에서 ANC가 62.7%의 압도적 지지로 제1당이 되었다.

국민당은 20.4%의 지지를 얻어 제2당이 되었으며, 클레르크 前 대
통령은 새로이 제2부통령에 취임하였다.

한편, 이 선거에 앞서 南阿共和國의 변화를 가져온 두 주역, 만델라
現 내통령과 클레르크 前 대통령은 1993년노 노벨 평화상을 공농으로
수상하었다.

금년 4월 27일 南阿共和國은 축제 분위기 속에서 全 인종 선거 1주
년을 기념하였다. '자유의 날(Freedom Day)'이라는 새로운 공휴일로
명명된 이날을 기념하는 자리에서 만델라 대통령은 지난 1년간의 민

주화 과정이 다소간의 차질에도 불구하고 매우 성공적이었다고 자평했다. 이어 만델라 대통령은 극소수의 파렴치범을 제외한 모든 죄수들에게 6개월씩의 감형을 선포했다.

만델라 대통령의 자평이 아니더라도 지난 1년간 南阿共和國의 민주화 과정은 대체로 성공적이었던 것으로 평가되고 있다. 과도 헌법에 따라 총선 득표 비율대로 각료 수가 배정되어 3개 정당의 연립내각으로 이루어진 현재의 國民和合政府(The Government of National Unity: GNU)는 많은 문제에도 불구하고 인종 간의 오랜 갈등을 치유하는 조정자의 역할을 비교적 성공적으로 수행해 왔다.

南阿共和國 정부는 지난 1년 동안 행정 조직과 사법 조직, 경찰, 군대 등의 재조직에서부터 교육제도 개편, 공휴일 재조정 등에 이르기까지 새로운 국가 건설에 필요한 제도의 정비에 박차를 가해 왔다. 이 과정은 필연적으로 백인들이 누렸던 과거의 특권을 제약하고, 흑인들의 지위를 향상시키는 조치들을 수반함에도 불구하고 대체로 큰 갈등 없이 진행되었다.

물론 국민당과 제3당인 인카타 自由黨(Inkhata Freedom Party: IFP)이 화합 내각에서 탈퇴할 것을 위협하는 등 많은 우여곡절이 있기는 했으나, 최악의 상황은 발생하지 않았다. 이 과정에서 다양한 이해 세력 간의 갈등을 수습하고 조정하면서 새로운 南阿共和國 건설을 추진해 온 만델라 대통령의 뛰어난 정치력은 높은 평가를 받고 있다.

'과거는 잊어버리자'

만델라 대통령은 과거는 잊어버리자(Let bygones be bygones)
고 강조하고 있다. 만델라 대통령 취임 이후 1년간 남아공 경제
는 현저하게 회복되고 있다.

南阿共和國의 최근 경제동향

		1991	1992	1993	1994[1]
GDP(經常)	억 달러	1,125	1,196	1,174	1,199
실질 성장률	%	-1.0	-2.2	1.1	2.3
1인당 GDP	달 러	2,893	3,005	2,877	2,868
인 구	만 명	3,890	3,980	4,080	4,180
수출(f.o.b.)	억 달러	233	236	241	251
수입(f.o.b.)	억 달러	172	182	183	214
성상수지	억 달러	22.6	13.9	18.1	-5.9
외채총액	억 달러	181	173	167	178
제조업생산지수	1990=100	95.6	99.6	92.3	94.6
광업생산지수	1990-100	90.0	99.6	102.3	97.6
환 율	란드/달러	2.756	2.850	3.264	3.549
소비자물가 상승률	%	15.3	13.9	9.7	9.1

자료: EIU, *Country Report: South Africa*, 2nd Quarter 1995.
　주: 1) 1994년 수치는 각각 추정치 및 잠정치

현재 南阿共和國의 정치적 안정을 위협하는 주요 현안은 흑인 줄루族의 지지를 기반으로 하는 인카타 자유당의 줄루族 자치 요구 문제, ANC 내 일부 급진 세력의 과도한 흑인 권리 요구, 그리고 역시 일부 백인 급진 세력의 자치 요구 등이다. 여기에다 형사 범죄의 급증과 일부 흑인 지도층의 부정, 노동 운동의 급진화 등이 역시 문제로 인식되고 있다.

▪ 경기 회복 국면

全 인종 선거 후 지난 1년 동안에 南阿共和國 경제는 현저히 회복되는 양상을 보였다. 세계 최대의 金 생산 국가, 세계 5위의 다이아몬드 생산 국가인 南阿共和國은 풍부한 부존자원과 잘 발전된 기간산업을 바탕으로 70년대까지 높은 성장을 이룩해 온 바 있다. 그러나 80년대 이후 국제사회의 제재가 강화되면서 장기 침체에 빠져들기 시작해, 90년대에 들어와서는 연 3년간 마이너스 성장을 기록한 후 재작년에 1.1%의 미약한 성장을 보였다.

새 정부 출범 직전 南阿共和國 경제는 거의 위기 상황에 놓여 있었다. 80년대 이후 흑인들의 저항운동이 격화되면서 투자가 줄어든데다, 상품의 수출입과 국제금융 및 외국인 투자 등 거의 모든 대외 거래 활동이 제재를 당하면서 경제활동이 장기간 마비되어 왔기 때문이다.

선거 직전 실업률은 40%라는 기록적인 수준에 육박했고, 재정적자와 인플레는 심각한 상황이었다. 이 같은 절박한 경제 상황이 결국 백인정부로 하여금 아파르트헤이트 정책을 포기하게 만든 중요한 배경의 하나가 되었던 것이다.

만델라 대통령의 새 정부는 이러한 상황에서 경제를 회복시켜야 한다는 어려운 과제를 안고 출범했다. 그런데 지난 1년 동안에 南阿共和國 경제는 매우 긍정적인 변화의 움직임을 보였다. 작년의 실질 성장률은 2.3%로 절대 기준으로는 여전히 낮았지만, 최근 6년 동안에 가장 좋은 실적을 보였다.

특히, 선거를 앞두고 정치적 혼란이 극에 달했던 1/4분기에 3.5% 마이너스 성장을 기록했으나, 2/4분기 이후 분기별 성장률이 2%, 4%, 6.5%로 계속 빠르게 상승한 점을 고려하면 작년의 경제성장률이 지니는 의미는 더욱 각별해진다. 특히, 제조업이 4/4분기 중 8% 성장하면서 전체 성상을 주도한 것은 매우 고무적으로 받아들여지고 있다.

南阿共和國 경제의 이 같은 회복세는 새 정부 출범 이후 정치적 혼란이 상당히 가라앉고, 국제사회의 제재가 모두 해제되면서 국내외로부터의 투자가 크게 늘어난 데 힘입은 것이다. 작년 중 總固定投資는 7% 증가해 5년 만에 처음으로 증가세를 보였다. 특히, 3/4분기와 4/4분기의 증가율이 각각 18%, 19.5%의 높은 수준을 기록한 것은 향후의 경제전망도 매우 밝게 볼 수 있는 근거가 된다.

또한, 물가는 이 같은 경기 상승국면에도 오히려 안정되고 있다. 작년의 소비자물가 상승률은 9.1%로 1991년 이후 지속적으로 하락하고 있는 것으로 나타났다. 경기의 회복과 동시에 물가가 안정되고 있는 점은 위기 상황에 놓였던 南阿共和國 경제가 정상을 찾아가고 있다는 확실한 반증이라 할 수 있다.

한편, 지난 1년간의 대외 거래 측면에서는 수출이 완만하게 증가한 반면 수입이 폭증, 무역수지 흑자가 대폭 줄어들면서 경상수지가 10년 만에 처음 적자를 기록하였다. 작년 중 수출은 4.1% 증가에 그쳤으나 수입은 16.9%나 증가한 것으로 추정되고 있다.

이 같은 수입의 폭증 현상은 금년 들어서도 지속되어 3월 중에는 무역수지 역시 10여 년 만에 처음으로 적자를 기록했다. 그러나 이러한 현상은 국내 경기 회복과 투자 증가에 따른 자본재 수입 증가에 크게 기인한 것이어서 부정적으로 볼 만한 현상은 아닌 것으로 해석되고 있다.

▪ 재건 · 개발 계획 추진

ANC는 선거 직전인 작년 4월 정치 · 경제 · 사회 각 부문에 걸친 자신들의 공약을 집대성해 再建 · 開發計劃(The Reconstruction and Development Programme: RDP)이라는 종합적인 개발 계획을 제시한 바 있다. ANC가 집권당이 됨으로써 이제 이 계획은 새 정부의 기본적인 정책 지침으로 수용되어 추진되고 있다.

작년 9월에 발표된 RDP 白書는 향후 5년 동안 이 계획의 실행에 총 3,750억 란드(1,060억 달러)의 자금이 투자될 것이라고 밝혔다. 재원의 조달은 정부 지출의 재조정과 외국 원조 및 민간 자금의 유치를 통해 이루어질 계획인 것으로 나타나 있다.

지난 1년 동안 이 계획의 추진 실적은 일반의 기대보다 많이 부진하였다. 그 주된 이유는 당초 이 계획이 구체적인 실행 계획을 수반한 것이 아니고, 일종의 선언적인 의미를 지니는 것으로서 발표된 데 있다. 이에 따라 막상 세부 실행 계획을 수립하고 예산을 책정하는 작업에서 상당한 시간이 소요되고 있는 것이다.

새 정부 출범 첫해인 1994/95년도 예산에서 RDP 추진에 배정된 자금은 26억 란드였고, 금년에 발표된 1995/96년도 예산에서는 50억 란드가 배정되었다. 장기적인 자금 배분 계획은 금년 중 국회의 심의를 거칠 예정으로 있다.

RDP에서 제시하고 있는 사업들 가운데 핵심적인 것은 향후 5년 동안 매년 30만 가구씩의 주택을 신축한다는 것과, 250만 가구에 전력을 추가 공급한다는 것, 그리고 의무교육과 무상 의료를 확대하고 그에 관련된 교육·의료 시설을 확장한다는 것 등을 들 수 있다.

이러한 사업들의 취지는 과거 백인 정권 아래서 경제적 혜택을 받지 못하고 절대 빈곤층을 형성해 온 흑인들의 복지를 향상시킨다는 데 있다. ANC는 인구의 절대다수인 흑인들이 가난과 무지에서 벗어날 수 있어야 경제 전체의 성장 기반이 확대된다는 인식 아래 흑인 복지 향상에 우선순위를 두고 있는 것이다.

실제로 南阿共和國에서 흑인과 백인 간에 소득 격차가 극심하다는 것은 잘 알려진 사실이다. 과거의 백인정부는 이에 관한 공식 통계를 전혀 공개하지 않았지만, 최근 새 정부는 RDP 추진을 위한 기본 자료로 이를 적극 수집, 공개하고 있다.

작년 중 중앙 통계청이 발표한 자료에 따르면 전체 실업률은 32.6%인데, 인종별로 보면 흑인은 41.1%, 백인은 6.4%로 나타났다. 전기 보급률은 백인가구가 98.2%인 데 반해 흑인가구는 30.5%에 불과했다. 기타 자세한 통계를 예로 들지 않더라도 소득 및 생활수준의 격차가 심각한 문제라는 것은 충분히 알 수 있다.

현재 RDP에 대한 흑인들의 기대는 매우 그다. 흑인들의 절대적 지지를 업고 집권한 ANC는 이들의 욕구를 최대한 빨리 충족시켜 주어야 한다는 부담을 안고 있다. 그러나 소득 재분배에 역점을 두는 사업들이 급속히 추진될 경우 백인을 비롯한 다른 인종들이 반발로 다시 政情不安이 야기될 수 있다는 점이 딜레마로 인식되고 있다.

▪韓·南阿共 교역 급속히 확대

우리나라는 그동안 국제사회의 對남아공화국 제재에 동참해 거의 모든 공식 교류를 중단했다가, 南阿共和國의 민주화를 계기로 다시 관계를 확대해 오고 있다. 우리나라는 1967년 KOTRA가 요하네스버그에 무역관을 설치, 활동해 오다가 1978년 UN의 제재에 동참해 이를 철수한 바 있다.

南阿共의 주요 정치 현안으로는 줄루族의 자치 요구, 일부 급진 세력의 과도한 흑인 권리 주장, 일부 백인 세력의 자치 요구 등이 있다. 사진은 줄루族의 자치 요구 시위 모습.

韓國의 對남아공화국 주요 수출 상품

단위: 천 달러, %

	1994		1995. 1~4	
	금 액	증가율	금 액	증가율
전기 · 전자 제품	99,147	4.1	28,072	9.8
섬유류	77,964	−8.1	26,788	35.9
화학공업 제품	26,099	9.9	24,394	329.7
기계류 · 운반기계	57,295	162.0	14,654	10.1
플라스틱 · 고무 제품	23,725	63.0	9,347	48.9
철강 · 금속 제품	18,762	13.6	7,344	71.0
생활용품	10,082	12.2	3,016	42.7
계	318,314	16.5	115,595	48.0

韓國의 對남아공화국 주요 수입 상품

단위: 천 달러, %

	1994		1995. 1~4	
	금 액	증가율	금 액	증가율
광산물	318,063	45.8	187,325	107.8
철강 · 금속 제품	270,389	22.0	65,570	−20.4
농림수산물	125,110	119.9	26,011	21.0
화학공업 제품	17,220	−40.9	8,786	30.7
계	740,313	39.5	290,891	43.3

그 후 우리 정부는 1987년부터 통상 사절단 교환 및 직접투자, 지사 설치 등을 금지하는 방식으로 경제제재를 시행해 오다가 1992년 1월 이를 완전히 해제하였다. 이어 같은 해 12월에는 정식 외교 관계를 수립하고, 재작년 3월에는 행정 수도인 프리토리아에 대사관을 개설하였다. 한편, 국교 수립에 앞서 1992년 9월에는 KOTRA 무역관이 요하네스버그에 다시 설치되었다.

南阿共和國의 입장에서는 6·25 동란 중 우리나라에 공군을 파견하여 지원한 바 있고, 국교 수립 이후인 재작년 3월 서울에 상주 대사관을 개설하였다.

현재 양국 간 교역 추이를 보면 작년에 이어 올해에도 매우 빠른 속도로 늘어나고 있다. 작년 중 우리의 對남아공화국 수출은 3억 1,831만 달러로 전년대비 16.5% 증가하였고, 금년 1~4월 중에는 1억 1,560만 달러로 작년 같은 기간에 비해 48%나 증가하였다.

반면, 수입은 작년 중 7억 4,031만 달러로 전년대비 39.5% 증가한 데 이어, 금년 1~4월 중에도 2억 9,089만 달러로 작년 같은 기간에 비해 43.3%나 증가하였다.

우리의 對남아공화국 수입 규모는 수출 규모의 두 배 이상에 달해 우리가 지속적인 무역 적자를 보이고 있다. 이것은 우리가 자원 부국인 南阿共和國으로부터 산업 활동에 필요한 1차 산품을 대량으로 수입하고 있기 때문이다. 우리의 수입 품목은 유연탄과 철강, 銅, 貴石, 金 등이 주종을 이루고 있다.

한편, 우리의 對남아공화국 직접투자는 경제제재 해제 이후부터 이루어지기 시작하여 아직 그 규모가 미미하다. 재작년 말 현재 실적은 투자 건수 4건에 실제 투자 금액 349만 달러로 밝혀지고 있다. 업종별로는 제조업이 3건, 무역업이 1건 등이다.

▪ 양국 간 교역·투자 확대 전망 밝아

우리와 南阿共和國 간의 경제협력은 짧은 교류 역사에도 불구하고 빠른 속도로 늘어나고 있어, 일단 긍정적인 평가를 받고 있다.

두 나라의 경제적인 잠재력을 고려할 때 이 같은 교류는 앞으로 더욱 크게 늘어날 가능성이 많다. 특히, 만델라 대통령의 방한을 계기로 양국 간의 실질적인 협력 기반이 공고히 구축됨으로써 향후 무역은 물론 직접투자가 더욱 활성화될 것으로 예상된다.

南阿共和國은 지난해 선거 이후 UN 회원국 자격을 재취득하였고, 英 聯邦과 아프리카 단결기구(OAU) 등 대부분의 국제기구에 가입해 그동안의 고립에서 완전히 벗어나게 되었다. 南阿共和國 경제를 압박했던 국제사회의 제재가 모두 해제됨에 따라 향후 南阿共和國 경제가 그 잠재력을 실현할 수 있는 가능성은 매우 커지게 되었다.

우리의 입장에서는 南阿共和國이 지닌 잠재력과 그 전략적 중요성을 고려하여 장기적인 관점에서 진출 전략을 수립할 필요성이 있다.

南阿共和國은 압도적 경제력을 바탕으로 아프리카 대륙의 盟主로 부상할 가능성이 큰 나라이다. 실제로 南阿共和國은 이미 보츠와나, 스와질란드, 레소토, 나미비아 등 인근의 4개국과 남부 아프리카 관세동맹(SACU)을 결성하여 사실상 맹주 역할을 해오고 있다. 이들 국가에는 南阿共和國의 란드貨가 법정 화폐로 통용되며, 南阿共和國 상품이 무관세로 반입된다.

南阿共和國은 최근 南部 아프리카 개발공동체(SADC)의 11번째 회원국으로 가입하면서, 이 기구와 SACU 등을 통합해 새로운 지역 협력기구를 결성하겠다는 구상을 밝힌 바 있다.

또한, 최근에는 南阿共和國과 印度, 오스트레일리아를 축으로 하는 印度洋 경제 공동체 설립 구상을 적극 추진하고 있다. 근년 3월에는 이와 관련하여 인도양이 7개 국가 대표들이 참가한 가운데 모리타니에서 국제회의가 열린 바 있다.

우리나라는 對남아공 교역에서 지속적인 적자를 기록하고
있다. 이는 유연탄, 철강, 金, 銅 등의 1차 산품을 대량
수입하고 있기 때문이다.

이러한 변화를 고려할 때 우리의 對남아공화국 진출 확대는 南阿共
和國 시장 그 자체는 물론 전체 아프리카 대륙 및 인도양 경제권을
겨냥한 중요한 포석이 될 것으로 보인다.

우리 기업들은 이 점을 고려하여 적극적인 현지 마케팅과 직접투자
로 장기적인 관점에서 진출 기반을 넓혀 나가야 할 것이다. 또한, 정
부의 입장에서는 기업들의 이러한 노력을 유도해 내고 지속적으로 지
원해 줄 수 있는 체제를 갖추어야 할 것이다.

[1994. 7]

"남아공은 韓國의 매력적 투자 대상국"

알렉산더 반 질 駐韓 남아공 대사를 찾아 만델라 대통령의 訪韓 의의 및 南阿共의 최근 동향 등을 들어 보았다. 그리고 韓·南阿共 경제협력 가능성을 타진하였다.

· 駐韓 남아공 大使에게 듣는다

∷ 兩國 관계를 고려할 때 만델라 대통령의 訪韓 의의는 무엇인가?

南阿共和國과 韓國의 공식 외교 관계는 비교적 최근에 수립되어서 양국 국민은 서로 상대방의 문화에 대한 접촉과 이해가 부족하다. 만델라 대통령의 訪韓이 지니는 가장 큰 의의는 양국 간 교류의 역사를 한 차원 높인다는 데 있다.

또한, 만델라 대통령과 金泳三 대통령은 각자 자기 나라의 민주화를 위한 투쟁에서 많은 공통점을 보여 왔다. 그러므로 민주적으로 선출된 대통령들로서 두 지도자의 만담이 지니는 상징적 의미 또한 중요하다.

실질적인 문제에서는 二重課稅防止協定, 투자협정, 그리고 문화 관계의 협정들이 이번 기회에 조인될 것이다. 南阿共和國 외무장관과 무역·산업장관이 만델라 대통령을 수행하며, 韓國 측 파트너와 여러 가지 문제들을 논의하게 될 것이다.

:: 南阿共和國의 최근 경제동향, 특히 全 人種 선거 이후의 동향은 어떠한가?

여러 가지 요인에 의한 오랜 침체 끝에 南阿共和國 경제는 이제 건강한 성장의 신호를 보이고 있다. 금년 중 南阿共和國 경제는 3.2% 성장할 것으로 전망되며, 이것은 8년 만에 가장 높은 성장률이 될 것이다. 여러 부문에서 고용이 증가하고 있으며, 경제의 핵심인 제조업 생산도 늘어나고 있다. 대외거래에서는 국제수치가 흑자를 유지하고 있다.

작년 4월 27일의 全 인종 선거 이후 南阿共和國은 국제사회에서 정당한 지위를 되찾기 시작했다. 이러한 상황 전개는 南阿共和國 내외로부터의 무역 및 투자 증가를 가져오고 있다. 南阿共和國 기업들은 中國의 양조업과 獨逸의 은행 등 다양한 외국 기업들의 지분을 취득하기 시작했다. 또한, 韓國의 일부 재벌 기업들을 포함한 많은 기업들이 南阿共和國이 제공하는 훌륭한 무역 및 투자 기회를 활용하고 있다.

:: 재건 · 개발 계획(RDP)의 추진 상황은?

南阿共和國의 재건 · 개발 계획은 빈곤을 추방하고 자유롭고 민주적인 사회를 건설하며 국민 화합을 이룩하기 위한 개발의 명제이다. 그 목표는 효율적인 사회 투자를 통해 자원의 공정한 분배를 추구하면서 경제의 구조적 문제를 시정하고 왜곡 요인을 제거하는 데 있다.

선거 후의 1년 동안은 RDP의 실행을 기획하는 작업에 주안점이 두어졌다. 각 사업의 지속성을 검토하고 지역 공동체의 주도적 참여를 강조한 결과 정부가 빠른 성과를 얻기 위해 자금을 지출하는 일은 억

제되었다. 그러나 지난 1년 동안에도 몇 가지 중요한 성과는 이미 성취되었다. 그 예로는 1만 6,028호의 주택이 건설되었고, 12만 8,000개의 공공시설 부지가 마련되었으며, 37만 8,171가구에 전력이 공급된 것 등을 들 수 있다.

:: 선거 후 무역 및 투자 환경의 중대한 변화, 특히 제도 면에서의 변화는?

지난해의 역사적인 선거 이후 南阿共和國의 가장 큰 변화는 합법적이고 광범한 지지를 받는 國民和合政府(GNU)가 들어섬으로써 안성성이 크게 높아졌다는 데 있다. 여기에는 RDP와 민주주의의 성공이 강력하고 발전하는 경제에 달려 있다는 국내 대다수 집단의 인식도 힘이 되었다. 안정적이고 투자를 유도할 수 있는 사업 환경을 만들어야 한다는 것이 현재 정부의 가장 중요한 목표 중의 하나이다.

南阿共和國의 성공적인 민주개혁은 점진적인 방식을 채택한 것이 큰 도움이 되었다. 기본적인 아파르트헤이트 법률들과 인종차별에 관련된 모든 제도는 작년 4월 선거보다 3년이나 앞서 모두 폐지되었다. 과도 헌법은 재작년에 승인되었다. 그 후 국민화합 정부에 성공적으로 권력이 이양됨으로써 국가의 인정이 이룩되었다.

알렉산더 반 질 大使
"남아공의 광업과 제조업은 韓國에 매력적인 투자 기회를 제공할 것이다"

:: 양국 간 경제 관계를 더욱 발전시킬 수 있는 방법과 협력이
유망한 분야는?

南阿共和國은 풍부한 천연자원을 지니고 있다. 자본 집약적인 중공업 개발에 주력하고 있는 韓國에 대해 南阿共和國은 매우 다양한 철강 제품들을 제공할 수 있다. 또한, 銅과 알루미늄 등 여러 가지 금속 제품도 제공할 수 있다. 광업과 제조업 분야는 韓國의 투자에 매력적인 기회를 제공할 것이다. 南阿共和國의 寶石산업은 매우 발전되어 있으며, 韓國의 소비자들에게 국제적으로 경쟁력 있는 제품을 공급할 수 있다.

양국 간 무역 확대에 기여할 잠재력이 큰 분야는 대규모 자본을 요하는 사업들이다. 南阿共和國과 韓國의 엔지니어링 및 건설 업체들은 사회간접자본과 산업시설 확장 및 다른 대규모 사업들에서 장차 협력할 수 있는 가능성이 커질 것이다.

[1994. 7]

길가메시 敍事詩

― 인간의 宿命을 되새기는 인류 최초의 서사시 ―

인간이 태어나서 늙고 병들고 죽어가는 것은 그 누구도 거스를 수 없는 하늘의 법칙이다. 그래서 우리는 이것을 宿命이라고 한다. 釋迦가 보리수나무 밑에서 解脫의 道를 깨우쳤어도, 秦始皇이 不老草를 찾아 童男童女들을 보냈어도 역시 이 숙명을 거스를 수는 없었다.

삶과 죽음이라는 문제는 인류가 생긴 이래 지금까지 수많은 종교·철학·문학 작품의 주제가 되어 왔다. 이 가운데 古代 수메르人들의 기록인 길가메시 敍事詩는 장엄한 英雄의 이야기 속에 인간의 슬픈 운명을 노래한 인류 최초의 서사시로 알려지고 있다.

기원전 3000년경 지금의 이라크 땅 南部에 있었던 수메르人들의 도시국가 우루크에는 길가메시(Gilgamesh)라는 장사가 王이 되어 폭정을 행하고 있었다. 그의 횡포에 견디다 못한 백성들은 神에게 호소했고, 神들은 그를 징벌하기 위해 엔키두라는 용사를 지상에 내려 보냈다.

길가메시와 엔키두는 격렬하게 싸웠으나 승부를 가리지 못하고 지쳐서 쓰러졌다. 그 후 두 용사는 오히려 서로 의기투합하여 형제같이 지내며 함께 모험을 떠난다. 그러던 중 엔키두가 神들의 노여움을 사 죽자, 천하의 영웅 길가메시도 삶의 무상함을 번민하게 된다.

그는 이제 영원한 생명을 찾아 방랑의 길로 들어선다. 천신만고 끝에 神들의 모임에 다녀온 老人 우트나피슈팀을 만나 먼 옛날의 洪水이야기를 듣고, 깊은 바다 속에 인간을 젊게 만드는 식물이 있다는 이야기를 듣는다.

길가메시는 다시 그 바다 속으로 가 드디어 그 식물을 구했다. 그러나 歸路에 어느 우물가에서 목욕을 하던 중 뱀이 나타나 그 식물을 먹어버렸다. 결국 길가메시는 자신의 허망한 삶을 한탄하며 고향으로 돌아와 죽는다.

삶과 죽음이라는 주제 속에 英雄들의 모험, 女人들의 유혹, 神과 괴물들의 이야기가 다채롭게 펼쳐지는 이 서사시는 그 후 地中海와 中近東 지방에 나타난 「오디세이」, 「헤라클레스」 등 각종 영웅담의 모델이 된 것으로 생각되고 있다. 또한 우트나피슈팀 老人이 들려주는 洪水 이야기는 성경의 '노아 이야기'와 줄거리가 거의 비슷해 여러 가지 해석을 낳고 있다.

인류 역사상 최초로 문자를 만든 수메르人들이 남긴 이 이야기는 그 후 아시리아人들이 각색한 형태로 현재까지 전해 오고 있다. 그리스人, 유태人들 역시 이 이야기를 자신들의 이야기로 각색한 것은 틀림없어 보인다.

5000년 전에 만들어진 이 이야기는 그때나 지금이나 죽음이 여전히 인간의 거부할 수 없는 숙명임을 되새겨 보게 한다.

최근 北韓의 金日成 主席이 죽었다. 우리가 어린 시절 수십 번도 더 '태워 죽이고 찢어 죽였던' 그는 정작 이제야 죽었다.

그에 대한 역사적 평가를 논하기 전에, 절대 권력을 누린 한 인간의 허망한 죽음에서 길가메시의 삶과 죽음이 문득 생각난다.

[1994. 7]

남아공화국의 역사

1. 백인지배에서 흑백 공존으로

(1) 백인지배와 인종차별 정책

∷ 백인들의 이주와 흑인과의 대결

아프리카 대륙 최남단의 땅 남아공화국이 백인들에게 알려지기 시작한 것은 1488년 바르톨로뮤 디아스(Bartholomew Diaz) 휘하의 포르투갈 탐험대가 아프리카 대륙을 돌아 인도양으로 나가는 항로를 발견하면서부터이다. 그 9년 후에는 바스코 다 가마(Vasco da Gama)의 탐험대가 인도까지 항해를 하는 중에 희망봉 근처에 내려서 원주민들과의 교환을 통해 식량을 공급받았다.

이 지역에 백인들이 본격적으로 정착하게 된 것은 1652년 네덜란드 東印度會社(The Dutch East India Company)가 인도 항로의 중간 정박기지 건설을 목적으로 100여 명의 남녀 대원들을 파견하면서부터이다. 이들은 모두 이 회사의 피고용인들이었으나 차츰 회사로부터 독립해 목축과 영농으로 경제력을 키워 나갔다. 이들은 지금의 케이프타운

(Cape Town) 근처에 백인사회를 건설했다.

백인들이 들어오기 전에 이 지역의 해안지대에는 주로 두 부족의 흑인 원주민들이 살고 있었다. 코이코이(Khoi Khoi) 또는 호텐토트 (Hottentot)라 불린 부족은 주로 목축을 영위하고 있었으며, 부시먼 (Bushman)으로 불리는 산(san)族은 수렵으로 삶을 영위하고 있었다. 그리고 북쪽의 내륙지방에는 줄루(Zulu)族, 코사(Xhosa)族 등의 반투 (Bantu)語族들이 대규모 집단을 이루며 살고 있었다.

초기에 백인들과 흑인들은 대체로 우호적인 관계에서 물물교환을 했으나 차츰 목축지를 놓고 대립하는 관계로 변해 갔다. 특히 보어 (Boer)人들로 불린 네덜란드계 백인들의 상당수가 목축에 종사하면서 내륙 쪽으로 이동함에 따라 흑인들과의 대결은 필연적으로 되었다. 결국 백인들은 여러 차례의 전쟁을 통해 대체로 19세기 초까지는 흑인 사회를 완전히 정복하게 되었다.

:: 백인지배 확립과 인종차별의 시작

남아프리카의 백인사회는 네덜란드 본토에서 보내는 식민 이주자들과 종교적, 경제적 목적으로 이주해 온 프랑스계, 독일계 등의 이주민들로 꾸준히 확대되었으며, 18세기 말에는 영국계 선교사들도 들어와 활동하기 시작했다. 이들은 부족한 노동력을 조달하기 위해 인근 서부 아프리카와 東印度 등지에서 노예들을 수입하는 한편 자신들이 정복한 흑인들을 노예로 삼았다.

한편 18세기 말부터는 유럽 본토에서 발생한 프랑스혁명의 영향으로 남아프리카의 백인사회에도 커다란 변화가 생기게 되었다. 혁명에 잇따른 나폴레옹 전쟁의 와중에 네덜란드의 왕정이 무너지자 영국은 1795년, 1806년 두 차례에 걸쳐 남아프리카 식민지를 강제로 점령하였다. 이후 이 지역은 1814년의 비인회의 결과 케이프 식민지(The Cape Colony)로서 영국의 지배령이 되었다.

영국은 1806년 두 번째로 케이프 식민지를 점령한 이래 이 지역의 영구지배를 목적으로 본격적인 식민지 정책을 실시하였다. 우선 인근에 일부 보어인들이 독립하여 만든 여러 개의 군소 공화국들을 즉각 합병하는 한편 기존 정착민들에 대한 유화정책으로 그들의 요구를 수용하여 무역과 노예거래에 대한 규제를 모두 해제하였다.

남아프리카의 역사를 특징짓는 인종차별 정책의 전형적인 틀은 거의 영국지배 초기인 이 시기에 마련되었다. 1809년 영국이 보어인들의 요구를 수용하여 만든 '유색인종의 노동에 관한 칙령'(The Colored Labour Ordinance)은 그 대표적인 예이다. 이 칙령은 모든 유색인종의 토지 소유를 금지하는 한편 주거지역을 제한한다는 내용을 핵심으로 하는 것이었다.

:: 보어전쟁에서 남아프리카연방까지

1833년 영국의회가 자유주의 사상의 영향으로 大英帝國 영토 내의 모든 노예에 대한 해방을 선언하자 케이프 식민지의 백인들은 크게 만말하였다. 특히 이 시역 백인들의 다수를 이루는 보어인들은 노예해방으로 인한 경제적 손실과 자신들의 신앙에 따른 독특한 선민의식으로 영국인들의 지배에 큰 반감을 가지게 되었다. 그 결과 이들은 대규모로 케이프 식민지를 떠나 내륙지방으로 이동하였다.

1836년부터 시작된 보어인들의 집단 이동은 이후 여러 차례에 걸쳐 계속되었다. 이들은 여러 갈래로 나뉘어 전진해 각각 줄루족, 은데벨레족, 코사족 등 흑인 원주민들과 치열한 싸움을 거친 끝에 자신들의 국가를 새로이 건설했다. 이들이 세운 국가들 중 나탈리아 공화국(1839),

트랜스바알 공화국(1852), 오렌지 자유공화국(1854) 등은 비교적 국가의 틀을 갖추며 성장했다.

이후의 역사는 다시 영국과 이들 신생 보어 공화국들과의 갈등으로 이어졌다. 영국은 1844년 나탈리아 공화국을 점령해 케이프 식민지와 별도로 나탈 식민지를 만들었으며, 1867년 이후 트랜스바알과 오렌지 국에서 대규모 다이아몬드광과 금광이 발견되자 다시 이들 국가의 병합을 도모하게 되었다.

1880년 영국과 트랜스바알 간의 제1차 보어 전쟁에서 영국이 패배해 트랜스바알은 독립을 보장받았다. 그러나 1895년 케이프 총독 세실 로즈(Cecil Rhodes)의 트랜스바알 정부 전복계획이 실패로 끝난 후 1899년 제2차 보어전쟁이 일어났다. 트랜스바알은 오렌지국과 연합해 영국에 대항했으나, 3년에 걸친 전쟁 끝에 결국 자치를 보장받는다는 조건으로 영국의 주권을 인정하였다.

이 전쟁의 결과 1910년에는 케이프, 나탈, 오렌지, 트랜스바알 등 4지역이 합쳐져 大英帝國 내의 특수 자치령인 남아프리카聯邦(The Union of South Africa)으로 새로이 출범하게 되었다.

:: 국민당의 집권과 아파르트헤이트 정책

보어인들은 결국 영국의 지배하에 다시 들어왔으나 수적인 우세를 바탕으로 이후 남아연방의 정권을 계속 장악하였다. 1911년의 첫 선거에서 보어계의 南아프리카黨(South African Party)이 승리한 이후 1948년 아파르트헤이트(Apartheid) 정책을 내건 국민당(National Party)이 승리하기까지 남아연방의 정권은 줄곧 보어계 정당들이 장악해 왔다.

이들 보어계 정당들의 지배하에서 남아연방의 인종차별은 더욱 심화되었다. 이전의 케이프 식민지에서는 1841년 영국정부의 '주인 및

하인 칙령'(The Masters and Servants Ordinance)에 따라 과거 노예
였던 사람들에게도 사회적으로 동등한 권리가 주어졌으나, 보어인들은
이러한 정책을 되돌려 놓았다.

1913년 보타(Louis Botha) 수상의 남아프리카당 정부는 원주민 토
지법(The Native Land Act)을 입법하여 흑인들이 소유할 수 있는
토지를 전 국토의 10% 이하로 제한하였다. 흑인들의 소유가 허용된 이
지역들은 리저브(reserve)라 불렸으며, 훗날 반투스탄(Bantustan) 정
책이라는 흑인 격리정책에 이용되었다.

1948년 말란(D.F.Malan)이 이끈 국민당이 집권하면서 인종차별 정
책은 극도로 노골화되었다. 국민당은 '격리'라는 의미의 아파르트헤이
트 정책을 공약으로 내세웠으며, 이것은 흑인에 대한 단순한 차별을
넘어 정치 경제 사회 문화 등 모든 분야에서 백인과 흑인을 완전히
격리시킨다는 목표를 지닌 것이었다.

이에 따라 국민당정부는 1949년 인종 간의 결혼을 금지하였고, 1950
년에는 인구등록법(The population Registration Act)을 통해 전 국민
을 인종별로 분류하였다. 이어 같은 해 지역분류법(The Group Areas
Act)을 제정하고 모든 도시의 인종별 주거지역을 정해 흑인 주거지역
이외의 장소에 사는 흑인들에 대해서는 재산 몰수 및 강제 이주 등의
조치를 취하였다.

국민당은 각종 수법을 동원해 야당의 도전을 물리치고 장기 집권하
면서 아파르트헤이트 정책의 강도를 높여 갔다. 1960년대부터는 반투
스탄 또는 홈랜드(Home Land) 정책이라는 흑인분리 정책이 본격적
으로 주진되었다. 이것은 흑인들을 완전히 추방해 전 국토의 10% 이
내로 제한된 기존의 리저브 지역에 몰아넣는다는 정책이었다. 흑인들
을 고향으로 되돌려 보낸다는 뜻을 지닌 이 정책에 따라 흑인들은 변

방의 불모지역에 밀집되었으며, 전국적으로 여러 개의 반투스탄이 형성되었다.

국민당정부는 이 가운데 트란스케이(1976), 보푸타츠와나(1977), 벤다(1979), 시스케이(1981) 등 4개 지역에 대해 독립을 허용하고, 이들 지역의 흑인들에 대해서는 자국의 시민권을 발급하지 않았다. 그러나 이들 지역의 독립은 국제사회에서 전혀 인정되지 않았다.

한편 국민당정부는 1961년 헌법을 개정해 국호를 남아프리카공화국(The Republic of South Africa)으로 변경하고 영연방에서 탈퇴하였다.

(2) 흑인들의 저항과 全人種 總選

:: 원주민들의 저항: 코사족, 줄루족

케이프타운을 건설한 백인들은 호텐토트족과 산족 등 초기에 대면한 인근의 흑인부족들을 비교적 쉽게 정복하였다. 그러나 백인들이 점차 북쪽으로 전진하면서 마주치게 된 반투語族의 흑인부족들은 앞서의 흑인들보다 강력한 사회조직을 갖추고 있어서 상대적으로 정복이 쉽지 않았다.

백인들이 처음으로 마주치게 된 주요 부족은 코사족이었다. 초기의 네덜란드인 정부와 뒤를 이은 영국인 정부는 1779년에서 1834년까지 이 코사부족과 여섯 차례의 카피르 전쟁(The Kaffir Wars)을 치렀다. 그 후로도 두 차례의 전쟁을 더 치르고 교착 상태에 빠져 있던 중, 1856년 약 7만 명의 코사인들이 아사하는 사건이 발생해 이들의 세력은 완전히 꺾이게 되었다.

코사족의 북쪽으로는 줄루족이라는 대부족이 있었다. 이들은 19세기 초에 샤카(Shaka)라는 뛰어난 지도자를 중심으로 인근의 부족들을 제압하고 약 8만의 군대를 거느린 강력한 왕국을 형성하였다. 그러나 샤카의 사후 1838년 보어인 이주자들과의 전쟁에서 패한데다 1879~1880년간의 줄루전쟁(The Zulu War)에서 영국군에 져 이들의 땅은 나탈 식민지로 편입되었다.

조직력과 지도력을 갖췄던 이들 흑인부족들이 백인에게 정복당한 것은 창과 방패 등의 재래식 무기로 백인들의 총과 대포에 대항하기 어려웠기 때문이다. 게다가 점과 예언에 의지하는 미신적 신앙이 백인과의 싸움에서 장애가 되기도 하였다. 코사족이 집단 아사하게 된 이유는 그들의 곡식과 가축을 모두 없애라는 잘못된 예언에 있었던 것이다.

:: 초기의 저항운동 조직

백인들의 지배가 확립된 후 정복된 흑인들은 한동안 노예가 되었다가 1833년의 노예해방 조치에 의해 모두 자유인이 되었다. 그 후 케이프 식민지에서는 흑인들에게도 형식상 백인들과 동등한 권리가 주어졌지만, 이들의 사회적 지위는 여전히 매우 낮았다. 또한 일정한 재산을 지닌 사람들에게만 참정권이 주어진 결과, 흑인들의 대다수는 계속 선거권을 지니지 못했다.

이런 가운데 19세기 말부터는 흑인들의 근대적인 사회소식들이 생겨나 교육 및 인권신장을 위한 활동을 전개하기 시작했다. 1882년에는 최초의 흑인 정치조직인 케이프 원주민 교육위원회(The Cape Native Education Association)가 생겼으며, 1884년에는 최초의 반두어신문이 생겼다. 또한 흑인교회들을 중심으로 인권신장을 위한 대중운동이 서서히 퍼져 나갔다.

한편 1906년 나탈 식민지에서는 간디(Mohandis K. Gandhi)가 지도하는 인도인들의 대규모 저항운동이 발생했다. 인도인들은 1860년대부터 사탕수수 농장의 계약 노동자로 대거 수입되었는데, 정부가 이들의 도시 통행을 제한하려는 목적에서 통행증(pass)을 발급하자 파업으로 대항한 것이다. 이들의 저항은 간디의 비폭력 저항방식이 세계의 관심을 모으면서 일정 부분 성공을 거두었다.

1909년 새로운 남아연방의 결성을 위한 헌법초안이 전적으로 백인들의 지배에 초점을 맞춘 것으로 드러나자, 흑인들은 전국 원주민회의(The National Native Convention)를 소집하여 항의하였다. 이들의 노력은 실패하였으나 이때의 경험을 바탕으로 1912년 전국의 흑인대표들이 모여 결성한 아프리카 민족회의(South African National Congress: ANC)는 그 후 흑인 저항운동의 핵심세력이 되었다.

:: 흑인 저항운동의 급진화

1차대전 이후로는 사회주의 사상의 확산 및 경제사정의 악화 등으로 노동운동이 활기를 띠면서 1919년에는 최초의 흑인 노동조합인 공업 및 상업 노동자 조합(Industrial and Commercial Workers Union)이 생겼다. 이 조직은 한때 조합원 10만 명을 확보한 최대의 흑인 저항단체로 중요한 역할을 했으나, 1928년 조직이 분열된 이후 차츰 힘을 잃게 되었다.

1934년 헤르트조그(Hertzog) 수상의 연합당(United Party) 정부가 들어서면서 흑인과 아시아계 유색인종의 인권을 제한하는 일련의 법안들을 준비하자 새로운 저항운동이 촉발되었다. 1935년의 ANC 정기회의에는 최초로 인도인 및 유색인종의 대표가 함께 모여 새로운 연합조직을 결성했다. 1944년에는 만델라(Nelson Mandela) 등을 중심으로 ANC 청년단(The ANC Youth Leagues)이 결성되어 시위와 파업 등의 적극적인 투쟁방식을 사용하기 시작했다.

그 후 국민당의 집권으로 인종차별이 더욱 노골화되자 흑인들의 저
항운동도 급진적으로 변해 갔다. 1952년 6월 ANC는 인도인 단체들과
연합해 대규모 시위를 전개하였다. 이 시위는 8,000여 명이 투옥된 사
상 최대의 非白人 시위로 ANC의 힘을 과시하는 계기가 되었으나, 실
질적인 성과는 전혀 거두지 못하였다.

1955년 ANC는 클립타운(Kliptown)에서 일부 백인단체들까지 참가
한 회합을 갖고 '모든 인종의 공존'을 표방한 자유헌장(Freedom Chart)
을 채택했으니, 그 후 순수한 흑인운동을 주장하는 세력의 이탈로 조직
이 분열되었다. 이 중 소부크웨(Robert Sobukwe)를 중심으로 한 강경
파들은 1958년 범아프리카주의자 회의(Pan-Africanist Congress: PAC)
라는 새로운 조직을 결성하였다. 이들은 순수한 아프리카인들의 아프
리카 건설을 주장하며 보다 급진적인 투쟁을 선호했다.

1960년 3월 PAC가 조직한 대중 시위는 샤프빌(Sharpeville)에서 경
찰의 발포로 67명이 사망하는 유혈사태를 초래했다. 이 사건 후 PAC
와 ANC는 모두 불법화되었으며, 남아프리카의 인권문제가 본격적으
로 세계의 관심을 모으기 시작했다.

:: 흑인들의 무장투쟁과 국민당의 개혁

샤프빌 사건 후 인근 국가로 망명한 ANC와 PAC의 지도부는 각각
'민족의 창'(Umkhonto We Sizwe)과 포코(Poqo)라는 무장투쟁 조직
을 결성하고 테러 활동을 전개하기 시작했나. 그러나 1962년 만델라의
체포와 1963년 리보니아(Rivonia)에서 핵심 인사들의 내서 검거로 이
들 조직은 심각한 타격을 입게 되었다.

이후 흑인 저항운동은 학생단체들과 노동운동 단체들을 중심으로
전개되었다. 국민당은 1953년 반투교육법(The Bantu Education Act),

1956년 산업중재법(The Industrial Conciliation Act) 등을 통해 흑인에 대한 교육과 취업을 제한하였는데, 학생과 노동단체들은 주로 이러한 차별의 철폐를 요구하였다.

1970년대 초에 들어와 경제상황이 악화되면서 실업이 늘어나자 각지에서 파업이 빈발했으며, 1976년 소웨토(Soweto)에서는 대규모 폭동이 일어났다. 이 사건 이후 다수의 흑인들이 ANC와 PAC의 무장투쟁 조직에 가담해 이들 조직이 크게 강화되었으며, 국민당정부는 흑인들에 대한 유화정책을 강구하게 되었다.

1970년대 말부터 흑인들의 무장투쟁에 의한 피해가 늘어나는 가운데 정부는 소수의 흑인 중산층 및 인도인과 아시아계 유색인종에 대한 유화책으로 국면을 수습코자 하였다. 그 결과 1984년에는 헌법 개정으로 인도인 및 유색인종이 자신들의 의회를 구성할 수 있게 되었다. 한편 1978년 수상에 취임한 보타(P. W. Botha)는 헌법개정 후 대통령이 되었다.

1985년 3월 유텐헤이그(Uitenhage)에서 샤프빌 학살 25주년 기념식이 열리던 중 경찰의 발포로 다시 20명이 사망하는 사건이 발생했다. 이 사건 이후 각지에서 소요가 잇따라 사상자가 늘어나자 정부는 인종 간의 결혼금지 및 공공장소에서의 인종차별을 철폐하는 등의 유화책을 발표했다.

그러나 이후 보타 대통령은 백인 극우단체 및 국민당 내 강경파들의 압력에 밀려 다시 강경노선으로 선회하기 시작했다. 1985년 10월에는 흑인단체들과의 대화를 촉구한 EC 사절단의 제의를 일축하고 보츠와나, 짐바브웨, 잠비아 등 인근 국가들을 습격했으며, 1986년 6월에는 강력한 비상계엄을 선포하였다.

[1994. 10]

1995년 아프리카 경제 전망

　최근 수년 동안 극심한 경제난 속에 가난과 기아, 그리고 사회적 불안정이 이어져 온 아프리카 대륙에 94년은 몇 가지 희망적인 조짐이 나타난 해였다. 우선은 아프리카 최대의 경제대국인 南阿共和國의 극적인 흑백 정권교체가 6억의 흑인들에게 자존심을 일깨워 주었다. 다음은 세계경제가 전반적인 상승세로 돌아서면서 석유, 커피, 구리 등 1차 산품의 수출이 활기를 띠어 상당수 아프리카 국가들의 경제도 오랜만에 회복세를 나타냈다.

　그러나 이러한 희망적 조짐에도 불구하고 아프리카의 고질적 문제인 가난과 기아, 그리고 정치·사회적 불안정은 여전히 많은 국가들을 괴롭히고 있다. 부족 간의 내전으로 50만 명 이상의 사망자가 발생한 르완다 사태는 92년의 소말리아 기아사태에 이어 국제사회의 집중적인 관심을 불러일으킨 현안문제가 되었다. 이 나라 이외에도 앙골라, 수단, 치드 등에서는 내전이 계속되었고, 감비아에서는 쿠데디기 발생했다. 그 밖에도 나이지리아, 자이레, 라이베리아, 모잠비크 등은 정정 불안으로 정상적인 경제활동이 전혀 이루어지지 못하고 있다.

또한 92년에 사상 최악의 가뭄으로 야기되었던 기아사태는 93년 이후의 해갈에도 불구하고 여전히 계속되고 있다. 94년 5월 美국제개발국이 발표한 바에 따르면 에티오피아, 르완다, 수단, 부룬디 등 주로 中東部의 8개 국가에서 2,300만 명 이상의 사람들이 기아 상태에 처해 있는 것으로 알려졌다.

아프리카의 이런 고질적 문제들은 단기간에 해결될 수 있는 성격의 것이 아니어서 95년에도 여전히 많은 국가들을 괴롭힐 것으로 예상된다. 그러나 몇 가지 희망적 징후들은 95년의 아프리카 경제가 현재보다는 나은 쪽으로 가리라는 전망을 가지게 한다. 전체적으로 보면 아프리카 경제는 94년 중 2.0~2.5% 정도의 완만한 상승세를 보인 후, 95년에 3.5~4.0% 수준의 비교적 높은 성장을 기록할 수 있을 것으로 예상된다.

이 같은 전망의 근거로는 우선 美國, 獨逸 등 선진국 경제가 본격적인 회복 국면으로 들어섬에 따라 아프리카 국가들의 1차 산품에 대한 수요가 늘어나리라는 점을 들 수 있다. 이 같은 현상은 이미 94년에도 나타나 가봉, 카메룬, 앙골라 등의 석유 수출국 경제가 호전되는 계기를 제공했고, 커피 및 구리 수출국가들의 경제도 혜택을 받았다. 그러나 주요 석유 수출국인 나이지리아는 정정불안과 총파업으로 경제활동이 마비되어 이 혜택을 받지 못했다.

다음으로는 블랙 아프리카 GDP의 1/3을 차지하는 南阿共和國이 흑인 정권 탄생을 계기로 인근 국가들과 경제협력을 본격화함으로써 아프리카 경제의 견인차 역할을 할 수 있으리라는 점을 들 수 있다. 남아공 경제는 94년 4월의 총선을 전후하여 국제사회의 제재가 대부분 해제되고 투자가 늘어난 데 힘입어 본격적인 상승국면으로 접어들고 있다.

남아공 경제의 이러한 회복세는 짐바브웨, 보츠와나, 나미비아 등 남부 아프리카의 인근 국가들에 벌써 긍정적인 영향을 미치고 있다. 더 나아가 남아공화국은 아프리카 지역에 산재하는 무역협정들을 통합해 단일한 경제협력 기구를 창설하겠다는 의지를 보이고 있어 인근 국가들을 고무하고 있다.

이 밖에 아프리카의 20여 개 국가가 시행하고 있는 構造調整政策은 그 성과에 대해 많은 논란이 있긴 하나, 이 정책을 주관하는 세계은행과 IMF는 이를 긍정적으로 전망하고 있다. 경제 전반의 완전한 시장 메커니즘 도입을 목표로 하는 이 정책이 양 기관의 전망대로 성공을 거둔다면 아프리카 경제는 보다 튼튼한 구조를 지니게 될 것이다.

그러나 이 정책은 상당한 부작용을 낳고 있어 아프리카 경제를 파탄시킨다는 비난도 받고 있다. 실제로 94년 1월에 프랑圈 국가 14개국은 두 기구로부터의 차관 도입을 전제로 CFA 프랑을 100% 평가 절하했는데, 그 직후 이들 국가 모두가 엄청난 인플레로 심각한 경제 혼란을 겪었으며, 세네갈에서는 폭동이 발생했다. 가나, 짐바브웨, 보츠와나 등은 구조 조정 정책의 대표적인 성공사례로 알려지고 있지만, 이 정책이 시행국가 모두에서 긍정적인 효과를 낳을지는 미지수이다.

마지막으로 심각한 상황에 달해 있는 아프리카의 外債問題는 95년 중 국제수지의 개선 전망에도 불구하고 근본적인 개선책이 나오지 않는 한 여전히 대부분의 국가에서 큰 짐이 될 것이다. 아프리카의 총 외채는 80년 1,113억 달러에서 92년에는 2,745억 달러로 늘어났는데, 이것은 실질적인 자금유입에 의한 것보다 미상환 원리금이 연체이자에 더 크게 기인한다는 데 문제의 심각성이 있다.

1차 산품을 수출해서 이렇게 벌어들인 외화가 이자를 갚는 데 대부분 소요되는 현실은 아프리카 경제의 개발을 저해하는 근본적인 문제의 하나가 되고 있다.

124

요약하면 95년 중 아프리카 경제는 상당히 호전될 전망이나, 이것이 장기간 지속되어 온 구조적 문제들을 개선하기에는 매우 미흡할 것이라고 할 수 있다.

아프리카 경제전망

단위: %

	92	93	94	95
경제성장률	0.9	1.5	2.3	3.6
수출증가율	0.7	2.5	4.2	4.5
수입증가율	1.3	3.4	3.7	4.1

[1994. 10]

남아공화국, 경제 회복 기대 속 불안 요인 잠복

아파르트헤이트(Apartheid)라는 백인들의 인종차별 정책으로 악명 높았던 남아공화국은 지난해 최초의 多人種 선거를 통해 342년 만에 黑白 정권교체를 실현함으로써 세계의 관심을 모았다. 이러한 변화로 남아공화국은 오랫동안 가해져 온 국제사회의 제재에서 벗어나고, 흑백 간의 대립에 따른 국내의 정치 불안 역시 해소하여 장기간 침체되어 온 경제가 모처럼 회복될 수 있는 계기를 맞았다.

90년대 들어 3년 연속 마이너스 성장을 보였던 남아공화국 경제는 93년에 미약하나마 1.0%의 플러스 성장을 기록했으며, 지난해에는 3% 내외 성장한 것으로 추정되고 있다. 금년부터는 신정부의 경제개발 계획이 본격적으로 추진되고, 외국인 투자 및 국내 투자가 보다 활성화되면서 성장세가 한층 가속될 것이라는 전망이 일반적이다.

세계 최대의 金 생산 국가로서 잘 발달된 산업기반을 지닌 남아공화국이 다시 정치 불안에만 휘말리지 않는다면 곧 아프리카의 선진국으로 부상할 것이라고 전망하는 사람들도 많다. 그러나 장기간의 불황에서 누적된 문제들이 심각하고, 정치적으로도 불안 요인이 잠복해 있어 상황을 낙관하기에는 아직 이르다.

남아공화국 경제는 80년대 이후 국제사회의 제재와 흑인들의 소요 등으로 오랜 침체에 놓여 왔다. 80년대에는 네 차례나 마이너스 성장을 기록했으며, 90년대에 들어와서는 90~92년 중 계속 마이너스 성장하였다. 이같이 장기적인 경기침체의 영향으로 93년 중 실업률은 거의 50%에 육박하는 것으로 추정되었다.

이러한 상황에서 실질금리 인하와 재정지출 확대를 통해 인위적인 경기부양을 도모한 정부의 대응은 정작 경기부양에는 실패하고 오히려 재정적자의 지속적 확대와 인플레 유발 효과만을 가져 왔다.

90년대 초에 남아공화국의 재정적자는 GNP 대비 8%에 달했으며, 인플레는 연간 15% 내외에 달하였다. 93년 이후 이러한 상황은 다소 개선되었으나, 아직 그렇게 양호한 상태는 아닌 것으로 알려지고 있다.

최초의 흑인 대통령이라는 역사적 의의를 지닌 만델라 대통령의 새 정부는 이 같은 과거의 유산을 안고 출범했다. 새 정부는 재건·개발 계획이라는 의욕적인 경제개발 전략을 수립하고 어두운 과거의 유산을 청산하기 위해 노력하고 있지만, 단기간에 상황이 크게 개선되기는 어려울 것이다.

특히 남아공화국은 세계에서 그 유례를 찾을 수 없이 현저한 흑백 간의 소득격차라는 경제·사회적 문제를 안고 있다. 부유한 백인 소수 집단과 가난한 흑인 다수 집단 간의 문제는 애써 찾은 남아공화국의 평화를 언제든 다시 원점으로 되돌려 버릴 수 있을 정도로 폭발성이 강한 문제이다.

이러한 문제들을 해결하기 위해 새 정부는 경제성장과 소득분배라는 두 마리 토끼를 동시에 잡아야 하는 매우 어려운 과제를 풀어야 하는 것이다.

[1994. 11]

이스라엘, 中東 진출의 거점으로 부상

"라빈 이스라엘 총리가 오는 14일 訪韓한다. 아랍國들과의 평화협상으로 노벨 평화상을 수상하게 된 그의 방한으로 그동안 소원했던 韓·이스라엘 양국의 협력이 본격화될 것이다. 라빈 총리의 방한을 계기로 이스라엘의 경제를 조명해 본다."

이스라엘의 이츠하크 라빈(Yitzhak Rabin) 총리가 이달 14일부터 17일까지 우리나라를 공식 방문한다. 이스라엘의 정부 수반으로서는 최초로 우리나라를 방문하게 될 라빈 총리는 재작년 6월 자신이 이끈 勞動黨(The Labour Party)의 總選 승리로 같은 해 7월 총리에 취임했으며, 최근에는 아랍 국가들과의 평화협상을 성공적으로 추진해 그 공로로 금년도 노벨 평화상 수상이 확정된 인물이다.

이스라엘과 우리나라는 1962년에 수교하여 한동안 매우 긴밀한 관계를 맺어 왔으나, 70년대 중반 이후로는 우리의 對아랍권 관계가 강화되면서 상대적으로 멀어진 바 있다. 라빈 총리의 이번 訪韓은 이스라엘과 우리나라가 그동안의 疏遠했던 관계를 정상화하면서 양국 간의 협력을 본격화시키는 계기가 될 것이다.

▪中東의 선진국 이스라엘

우리 정부가 이스라엘을 中東지역에서 가장 중요한 우방으로 간주하던 70년대 초까지만 하더라도 이스라엘은 우리 국민들에게 신화를 일구어 낸 나라로 인식되었다.

韓國의 1/4도 안 되는 땅덩이에 인구도 적은 小國이면서도 10배가 넘는 인구를 지닌 주위 아랍 국가들과의 전쟁에서 항상 이겨 온 나라. 우리보다 늦게 건국한 新生國家이면서도 황량한 사막에서 선진국 수준으로 경제를 발전시킨 나라. 당시 우리 정부는 이스라엘의 예를 우리 국민들이 배워야 할 교육자료로 널리 소개하기도 하였다.

지난 10월 26일, 요르단과의 평화협정 체결을 위해 클린턴 美대통령, 요르단의 후세인 王과 나란히 앉아 있는 라빈 이스라엘 총리(左). 그의 訪韓은 그동안 소원했던 韓·이스라엘 양국 관계를 정상화시키는 계기가 될 것이다.

70년대 중반 이후 우리 건설업체들이 사우디아라비아, 쿠웨이트, 이라크 등 이스라엘과 적대관계에 있는 아랍 産油國들로 대거 진출하기 시작하면서 이스라엘과 우리의 공식 관계는 급속히 냉각되었다. 그러나 지금도 일반 국민들이 지니고 있는 이스라엘이라는 나라의 이미지는 여전히 그러한 신화와 무관하지 않다.

이스라엘은 면적이 2만 1,000㎢, 인구는 작년 현재 526만 명에 불과한 작은 나라로 1948년에 건국되었다. 그러나 짧은 기간 동안에 놀라운 경제발전을 이룩하여 현재 中東지역의 선진국으로 불리고 있다. 지난해의 1인당 GDP는 1만 2,452달러로 세계은행이 분류하는 高所得國家群에 포함되었다.

이스라엘이 선진국으로 불리는 이유는 단순히 석유를 팔아 고소득을 올리는 인근의 아랍 산유국들과 달리 튼튼한 산업기반을 지니고 있기 때문이다. GDP에서 제조업이 차지하는 비중은 30%에 가까우며, 수출은 70% 정도가 공산품으로 이루어지고 있다. 軍需産業을 중심으로 발전되어 온 이스라엘의 전자 및 항공산업, 그리고 생명공학 등은 세계 최첨단의 기술을 보유한 것으로 알려지고 있다.

▪戰時 經濟로 문제 많아

이스라엘은 건국 후 국경을 접하고 있는 주위의 아랍 국가들과 네 차례의 全面戰을 치렀으며, 적대적인 세력들에 둘러싸여 항상 위협을 받아 왔다. 외형적으로 드러나는 이스라엘 경제의 성공은 이 같은 제약 여건 속에서 이루어진 것이라는 점에서 더욱 돋보이지만, 사실 이스라엘 경제의 내부 사정을 들여다보면 바로 이러한 제약 여건으로 인해 심각한 문제점들을 안고 있다는 것을 알 수 있다.

國防費가 한때 재정지출의 40%, GDP의 20% 이상에 달하기도 했으며, 지난해 국방비의 비율은 각각 20%, 11%에 달하였다. 과도한 국방비 지출을 충당하기 위한 통화증발로 1985년에는 최고 400%를 넘는 인플레를 겪기도 했으며, 지금도 역시 인플레는 심각한 문제로 되고 있다.

무역수지는 軍備 및 자본재 수입 등으로 만성적인 적자를 나타내고 있으며, 지난해 外債는 253억 달러로 GDP의 40%수준에 달했다.

이러한 문제점을 안고 있으면서도 경제가 꾸준히 발전할 수 있었던 데에는 국민들의 근면성 못지않게 서방국가들의 지원 및 해외 유태인들의 후원이 큰 힘으로 작용했다.

美國의 對中東 정책이 이스라엘 보호에 초점을 맞추고 있는 것은 잘 알려진 사실이며, 이스라엘 건국 이후 美國이 지금까지 제공한 원조는 최소한 500억 달러가 넘는 것으로 알려지고 있다.

이스라엘 경제의 특성을 한마디로 요약하면 국방에 모든 자원 배분의 우선권을 두는 일종의 戰時 經濟체제라 할 수 있으며, 앞서 말한 여러 가지 문제들은 근본적으로 이러한 특성에서 유발되는 것이라 할 수 있다.

이스라엘 경제는 1985년 7월 이후 구조 조정을 위한 경제 안정화 정책(Economic Stabilization Programme: ESP)이 시행되면서 인플레가 어느 정도 완화되고, 1990~1992년간에는 성장률도 연간 6% 내외에 달하는 건실한 발전을 해왔다. 그러나 최근에는 失業이 새로운 문제로 부각되어 어려움을 겪고 있다.

최근 이스라엘 경제의 이러한 사태 전개에 가장 큰 영향을 미친 요인은 舊蘇聯 지역으로부터의 대규모 이민 유입이다. 이스라엘은 원래 이민으로 건국된 나라인데다 아랍 국가들과의 대치를 반영해 지속적

인 이민 유입 정책을 펴고 있는데, 1989년 이후로는 舊蘇聯의 개혁 및
해체 과정에서 이 지역 유태인들의 대규모 이주가 잇따랐다.

이스라엘의 최근 경제동향

단위: 億 달러, %, NIS1)/달러

	1989	1990	1991	1992	1993
GDP(경상가격)	447	522	595	656	655
실질 성장률	1.6	5.8	6.2	6.6	3.4
1인당 GDP	9,880	11,201	12,020	12,640	12,452
소비지물가 상승률	20.8	17.6	18.0	9.4	11.2
실업률	8.9	9.6	10.6	11.2	10.0
재정지출/GNP	59.6	58.7	58.6	57.2	56.6
재정수입/GNP	54.2	55.0	54.6	54.8	54.7
재정적자/GNP	5.4	3.7	4.0	2.4	1.9
수출(fob)	110.7	120.8	118.9	130.8	147.7
수입(cif)	130.3	151.1	167.0	185.6	202.4
경상수지	12.3	5.6	−4.2	2.2	−13.7
외 채	238.0	244.0	243.0	230.0	253.0
환 율	1.916	2.016	2.279	2.459	2.830

자료: 이스라엘 중앙은행, EIU, IMF 자료 종합
주: 1) NIS=New Israeli Shekel

1990~1993년간 유입된 이민은 총 53만 명으로 전체 인구의 10%를
넘어서 최근 이스라엘 경제의 변화에 지대한 영향을 끼쳤다. 이들은
대부분 지식인 및 숙련 노동자들로 기본 재산을 가지고 들어와 주택
건설을 중심으로 한 투자 붐을 일으켰으나, 급격한 인구증가에 따른
주택난 및 실업난 등의 문제를 야기했다.

지난해 이스라엘의 실업률은 10%에 달했는데 특히 이민 유입자들의
실업률은 20% 이상으로 이스라엘 경제의 새로운 현안으로 떠올랐다.

▪ 평화협정 계기로 새로운 발전 기회 모색

지난해 9월 이스라엘은 팔레스타인해방기구(PLO)와 平和協定을 체결하여 아랍 국가들과의 대립관계에 극적인 반전을 가져왔다. PLO는 이스라엘과 아랍 국가들 간의 네 차례에 걸친 전쟁 과정에서 영토를 빼앗긴 아랍 난민들이 古土回復을 목표로 1964년 결성한 기구로서, 이스라엘과 아랍권의 대결을 상징하는 존재였다.

아랍민족으로 구성된 국가는 현재 中東 및 北아프리카 지역의 22개국에 달하는데, 이 가운데 이스라엘과 직접 교전했던 나라는 이집트, 시리아, 레바논, 요르단 등이다. 이스라엘은 일찍이 1978년 이집트와 평화협정을 체결했지만, 이 협정은 나머지 모든 아랍 국가들에게 비난을 받아 확산 효과를 갖지 못했다.

반면, PLO와의 평화협정은 PLO가 지니는 상징적 의미로 인해 엄청난 파급효과를 가져왔다. 對이스라엘 관계의 최대 피해자가 平和共存을 선택한 마당에 다른 아랍 국가들이 굳이 이스라엘을 적대시할 이유가 없어지게 된 것이다.

이 평화협정에 따라 그동안 튀니지에 있던 PLO 본부는 금년 7월 팔레스타인에 귀환해 자치정부를 수립하였다. 한편, 이스라엘은 나머지 아랍 국가들과의 협상에도 적극 나서 금년 10월에는 요르단과 성공적으로 평화협정을 체결했다. 현재는 시리아와의 협상도 상당히 진척된 것으로 알려지고 있다.

이스라엘의 존립 자체를 위협해 왔던 아랍 국가들과의 이러한 평화협상은 이스라엘 경제에 새로운 발전 기회를 가져다주고 있다. 內的으로는 戰時經濟를 平時經濟로 전환해 왜곡되어 온 자원 배분을 시정할 수 있는 계기가 마련될 것이다. 外的으로는 인근 국가들과의 새로운 경제협력이 가능할 것으로 기대되고 있다.

금년 10월 말 모로코의 카사블랑카에서 개최된 中東 및 北아프리카 국가 경제 정상회의에서 이스라엘은 사상 최초로 아랍 국가들과 함께 多者間 정상회담을 가졌다. 이 회의에서는 그동안 아랍 국가들이 시행해 온 對이스라엘 禁輸조치의 철회, 中東開發銀行의 설립 등을 비롯해 여러 가지 다국 간 협력 사업들이 논의되었다.

이스라엘은 이 자리에서 팔레스타인, 요르단, 시리아, 레바논, 이집트 등이 함께 참여하는 약 40억 달러 규모의 각종 개발사업을 제안하였다. 이러한 사업들은 아직 논의 단계에 머물러 있는 수준이지만, 평화의 진전 여부에 따라서는 이스라엘 및 주위 국가들의 경제에 새로운 개발 붐을 가져올 가능성도 적지 않다.

▪ 對中東 진출의 거점으로 활용해야

이스라엘은 1964년 우리나라에 常駐 대사관을 개설했으나, 1978년 우리의 對아랍권 傾斜에 항의하여 대사관을 폐쇄한 바 있다. 그 이후 이스라엘과 우리의 관계는 소원해졌고, 우리 측에서는 아랍권을 의식해 이스라엘과의 교류에 관련된 사항은 내부분 비공개로 유지하였다. 양측의 관계는 1991년의 걸프戰과 최근의 中東 平和協定을 계기로 새롭게 개선되었다. 이스라엘은 재작년 1월 駐韓 대사관을 재개하였고, 우리 측에서는 지난해 12월 駐이스라엘 대사관을 개설하였다.

그동안 외적 여건으로 인해 제약되어 온 양국관계가 다시 정상화된 것은 두 나라 모두에 바람직한 효과를 가져올 것으로 생각된다. 금년 들어 두 나라 간의 교역은 큰 폭으로 신장되어 벌써 그 효과가 실제화되고 있다. 금년 10월까지 우리의 對이스라엘 輸出은 지난해 같은

기간에 비해 무려 94.7%나 늘어난 1억 9,137만 달러에 달했으며, 輸入
은 9.9% 늘어난 1억 1,764만 달러를 기록하였다.

이스라엘은 中東지역에서 가장 선진화된 경제를 지니고 있어 앞으
로 우리의 진출 여지가 많은 나라이다.

특히 금융, 상업, 통신 시설 등이 발달되어 앞으로 세계 각국의 對
中東 진출을 위한 거점으로 활용될 가능성이 높다. 유럽, 아시아, 아프
리카를 연결하는 지정학적 위치와 美國 및 유럽과의 특수 통상관계도
앞으로 이스라엘 진출의 매력 요인이 될 것이다.

현재 이스라엘 및 팔레스타인 내 평화협상 저지 세력들의 움직임은
아직도 對이스라엘 진출의 불안 요인으로 작용하고 있지만, 대세는 이
미 윤곽이 잡힌 것으로 보인다. 우리는 새롭게 주어진 기회를 활용해
對이스라엘 진출을 적극 확대하면서, 이를 전반적인 對中東 진출 확대
와 연계하는 전략을 모색해야 할 것이다.

[1994. 12]

팔레스타인 경제 불안, 중동 평화 위협

"열악한 경제, 신뢰를 잃고 있는 자치정부, 그리고 과격파들의 테러 공세 등으로 팔레스타인이 불안하다. 세계적인 기대를 모아 온 중동 의 평화에 암운이 드리워지고 있는 것이다. 평화혈전 체결 1년 반, 자치정부 출범 8개월째를 맞고 있는 팔레스타인을 조명해 본다."

팔레스타인 내 過激派들의 테러 행위가 거세지고 아라파트가 이끄는 自治政府의 입지가 약화되면서 중동의 평화협상에 어두운 그림자가 드리우고 있다. 재작년 9월 이스라엘과 팔레스타인해방기구(PLO)의 평화협정 체결 이후 세계의 기대 속에 고조되어 온 中東의 평화 무드가 자칫 깨어질 위기에 봉착하고 있는 것이다.

하마스(Hamas)와 지하드(Jihad)의 兩大派로 대별되는 팔레스타인 과격 세력은 이스라엘과 PLO의 평화협정에 반대하며 무차별 테러 공세를 강화하고 있다. 이에 반해 자치정부는 행정 미숙과 독재, 부패 등으로 과격 세력의 공세에 효율적으로 대응하지 못하면서 대내외적으로 급속히 신뢰를 잃어 가고 있다.

또한, 평화협정이 체결된 지 1년 반이 지난 현재 약속된 해외원조의 유입이 遲遲不進하고 팔레스타인 경제가 전혀 호전의 기미를 보이지 않아 자치정부의 입지를 더욱 어렵게 하고 있다.

▪ 자치정부, 독재와 행정 미숙으로 신뢰 상실

이스라엘과 PLO는 작년 5월 카이로에서 평화협정의 이행을 위한 세부 협정에 합의하였다. 이에 따라 5월 말에는 팔레스타인 점령 지역에서 이스라엘軍의 철군이 완료되고, 7월에는 그동안 튀니스에 있던 PLO 본부가 귀환하면서 역사적인 팔레스타인 자치정부(The Palestinian National Authority: PNA)가 들어서게 되었다.

자치정부는 가자지구와 요르단 江 西岸地帶의 예리코市를 영토로 지니면서 9,000명의 경찰 병력으로 자체 치안을 담당하고, 조세와 행정, 교육 등 전반적인 국가 업무를 수행해 사실상 독립국가의 정부에 가까운 성격을 지니고 있다.

그러나 출범 후 8개월째로 접어드는 자치정부는 異民族의 지배에서 벗어난 팔레스타인 사람들에게 새로운 희망을 심어 주지 못하고 독재와 부패 등으로 난맥상을 보여 대내외적으로 급속히 신뢰를 잃어 가고 있다.

자치정부는 출범 당시부터 전문성에 대한 고려 없이 아라파트의 측근들만으로 要職이 구성되었다는 비난을 받았으며, 출범 직후에는 팔레스타인의 양대 日刊紙 중 하나인 안 나하르(An Nahar)紙를 폐간 조치하여 역시 내외의 비난을 받았다. 또한, 급조된 자치 경찰의 월권과 횡포가 원성을 사는 가운데, 작년 8월에는 민간인의 고문 치사사건이 발생해 자치정부의 입장을 어렵게 만들기도 하였다.

팔레스타인 과격 세력은 자치정부의 이러한 난맥상을 틈타 테러 공세를 강화하며 자신들의 목소리를 높이고 있다. 작년 10월, 이스라엘의 텔아비브에서는 하마스의 민간 버스 폭발 테러로 22명이 사망했으며, 금년 1월에는 나타니아에서 지하드의 테러로 19명이 사망하는 사건이 발생했다.

출범 8개월째로 접어든 팔레스타인 자치정부는 대내외적으로 급속히 신뢰를 잃어 가고 있다.

아라파트

현재 팔레스타인 내에서 이들 과격파의 세력은 무시할 수 없을 정도로 커 자치정부와의 内戰 가능성까지 우려되고 있다. 작년 11월에는 헤브론에서 하마스 지지자들의 시위 도중 자치 경찰의 발포로 13명이 사망하는 사건이 발생해 이러한 우려가 더욱 확산되었다.

가자지구 노동인구의 절반 정도가 이스라엘에서 일자리를 얻고 있으며 수출입의 80% 이상을 이스라엘에 의존하는 등 팔레스타인 경제는 철저하게 이스라엘에 종속되어 있다.

▪ 팔레스타인 경제난, 자치정부 입지 약화

자치정부의 운신을 어렵게 만드는 주요한 제약 요인 중의 하나는
팔레스타인 경제가 매우 열악한 상태에 있으며, 이것이 단시일 내에
개선될 기미가 전혀 보이지 않고 있다는 점이다. 특히 평화협정 이후
해외원조와 경제개발에 대한 많은 약속에도 불구하고 현재까지 아무
것도 달라진 것이 없다는 사실은 과격파들의 비난에서 주요한 소재로
활용되고 있다.

가자지구와 西岸地帶에는 약 200만 명의 인구가 있는데, 이들은 대
부분 네 차례의 中東戰爭 과정에서 발생한 難民들이다. 일시에 생활
기반을 잃고 난민촌으로 흘러든 이들은 거의 국제사회의 구호활동에
의존해 생계를 유지해 왔다.

팔레스타인 경제 현황

	단 위	가자지구	西岸地帶
면 적	km²	363	5,800
인 구	萬名	80	120
GDP	億 달러	3.65	10.30
1인당 GDP	달러	700	1,200
노동인구[1]	萬名	9.9(4.3)	18.3(5.4)
산업구조	%	서비스 46, 농업 19 건설업 21, 공업 14	서비스 51, 농업 24 건설업 17, 공업 8

자료: *The Middle East*, Oct. 1993.
　주: 1) (　) 안의 숫자는 이스라엘에 취업한 인구

특히, 지난 1967년 이후 이 지역을 점령해 온 이스라엘은 전혀 투자
를 하지 않아 경제는 아직도 최악의 상태에 있다. 가자지구의 1인당

GNP는 700달러 내외로 세계 최저 수준이며, 80만 인구 중 절반 정도
가 아직도 난민촌에서 생활하고 있다.

지난 20여 년 동안에 겨우 형성된 미약한 경제 기반도 철저하게 이
스라엘에 종속되어 있는 상황이다. 가자지구는 輸出入의 80% 이상을
이스라엘 시장에 의존하며, 노동인구의 절반 가까이가 이스라엘에서
일자리를 얻고 있다.

이처럼 취약한 경제를 떠맡게 된 자치정부는 해외원조가 없이는 정
부 운영조차도 불가능할 정도로 사실상 재정 능력이 전혀 없는 정부
이다. 그런데 지금까지 약속된 원조자금의 유입은 매우 지지부진해 경
제개발은 요원한 과제가 되고 있다.

평화협정 직후인 재작년 10월 워싱턴에서 열린 세계 원조국 회의에
서는 팔레스타인의 재건을 돕기 위해 향후 5년간 28억 달러를 지원하
기로 합의한 바 있다. 그러나 지난해 연말까지 세계은행은 당초 약속
한 7억 2,000만 달러 중 5억 1,000만 달러만을 지원했으며, 다른 자금
원들 역시 원조 이행이 부진한 것으로 알려지고 있다.

팔레스타인 과격파들은 이스라엘과 PLO의 평화협정에
반대하며 테러 공세를 강화하고 있다. 사진은 지난 1월,
지하드파의 테러 현장.

이 같은 상황에는 자치정부와 援助國들 간의 갈등, 특히 아라파트의 독선에 대한 원조국들의 불만이 크게 작용하고 있다. 아라파트는 민간 기구들 간의 교섭을 강조하는 원조국들의 희망과 달리 자금유입 과정을 직접 통제하고, 유입된 자금을 불투명하게 이용함으로써 원조국들의 불만을 사는 것으로 알려지고 있다.

▪ 이스라엘의 對아랍 관계는 개선

팔레스타인의 불안이 커지고 있는 것과는 무관하게 이스라엘의 전반적인 對아랍 관계는 현저히 개선되었다. 이스라엘은 작년 7월 요르단과 사상 최초로 頂上會談을 가진 후 10월에는 양국 간 평화협정을 체결하였다. 또한 10월 말에는 모로코의 카사블랑카에서 열린 中東·北아프리카 국가 경제 정상회담에 참여하여 아랍 국가들과 다국 간 협력 사업을 논의하기도 하였다.

현재 아랍 국가들 가운데에는 시리아, 리비아, 이라크 등만이 이스라엘에 대해 여전히 강경한 태도를 보이고 있으며, 나머지 국가들은 대부분 추이를 보아 가며 이스라엘과의 관계개선에 나서고 있다. 이 가운데 다소 적극적인 나라들은 모로코, 튀니지 등으로서 모로코는 작년 9월에 이스라엘과 연락 사무소 개설에 합의하였다.

아랍연맹의 결의에 따른 對이스라엘 보이콧 조치는 공식적으로 여전히 유효하지만, 상당수 아랍 국가가 그 적용을 완화해 사실상 有名無實해지고 있다. 사우디아라비아, 쿠웨이트 등 걸프협력위원회(GCC) 6개 회원국은 작년 9월 외무장관 회담에서 2, 3단계 禁輸조치를 해제한다고 발표한 바 있다. 이에 대해 아랍연맹과 시리아, 리비아 등은 즉각 비난하였다.

아랍 국가들과 이스라엘 간의 완전한 관계개선에는 시리아와의 협상 여부가 마지막 고비가 될 것으로 생각되고 있다. 아랍권에서 이스라엘과 직접 교전했던 이른바 前方國家(frontier states) 가운데 여전히 강경한 입장을 보이는 주요 국가는 시리아뿐이기 때문이다.

시리아와 이스라엘의 평화협상에서는 이스라엘이 점령하고 있는 골란高原의 반환 문제가 주요 쟁점이 되고 있다. 이스라엘은 골란고원에서 철군한다는 원칙에 합의했으나, 구체적인 철군의 시기와 방법 등에 대해 협상 중인 것으로 알려지고 있다.

▪ 팔레스타인 안정이 평화 진전의 핵심

향후 이스라엘과 아랍 국가들 간의 관계가 평화공존으로 순조롭게 진전되기 위해서는 팔레스타인의 안정이 무엇보다도 중요한 선결 과제로 인식되고 있다. 아랍·이스라엘 간의 대립은 결국 팔레스타인 땅의 영유권 문제가 핵심이기 때문이다. 만약 팔레스타인의 자치 실험이 실패한다면 반세기 만에 모처럼 조성된 중동의 평화 분위기는 다시 걷잡을 수 없이 깨어지게 될 것이다.

평화협정에 반대하는 팔레스타인 과격 세력은 자치란 이스라엘에 대한 항복을 의미하며, 끝까지 이스라엘을 축출하고 故土를 회복해야 한다고 주장한다. 팔레스타인 현지의 어려운 여건 속에서 民衆蜂起(Intifadah)를 주도해 온 이들은 외국의 호텔을 드나들며 저항운동을 해온 PLO를 정통성이 없는 세력이라고 비난한다.

이러한 과격 세력의 주장이 팔레스타인 현지에서는 어느 정도 공감을 얻고 있으며, 자치정부의 失政이 거듭되면서 이들의 입지가 강화되고 있다.

　한편, 과격파들의 공세가 강화될수록 평화협상에 반대하는 이스라엘 내 극우파들의 목소리도 상대적으로 커지고 있다.

　최근에 시행된 이스라엘의 한 여론조사에서는 平和協商에 반대하는 여론이 50%로 찬성 여론 37%를 앞질렀다. 이것은 1년 전의 여론조사 결과와 크게 다른 것으로 나타나 라빈 총리의 노동당 내각에 심각한 부담을 안겨주고 있다. 이러한 추세가 지속된다면 내년에 있을 총선에서는 평화협상에 반대해 온 리쿠드黨이 승리할 가능성도 큰 것으로 전망되고 있다.

　아직까지 전체적인 대세는 평화의 확산 쪽으로 가고 있으나, 팔레스타인에 대한 국제사회의 적절한 지원이 뒤따르지 않는다면 이러한 대세가 역전될 가능성도 배제할 수 없다. 그리고 여기에는 아라파트의 자치정부가 망명한 투사들의 집단에서 행정력을 갖춘 전문가들의 집단으로 얼마만큼 빨리 변신하는가 하는 점도 큰 변수로 작용하게 될 것이다.

[1995. 2]

「시련에 처한 문명」

─아널드 토인비─

이데올로기에 따른 두 體制의 대립이 세계의 기본적인 질서를 규정하던 지난 시대에는 국제사회의 역학관계를 차라리 단순하게 파악할 수 있었다. 어느 날 갑자기 이데올로기의 外皮가 찢겨져 나가 200여 개의 主權國家가 무한경쟁에 노출되고 있는 지금의 시대는 오히려 모든 것이 더욱 혼란스럽다.

民族主義의 열풍이 新生國家들의 분열과 분쟁을 촉발하고 과거의 同志가 미래의 敵으로 의심받고 있는 이 즈음, 향후의 세계 질서는 文明 간의 충돌에 의해 규정될 것이라고 하는 사무엘 헌팅턴의 주장이 관심을 모으고 있다. 문명이란 민족이 아닌 종교나 문화적 요소 등에 의해 결집되는 행위 주체라고 할 수 있다.

헌팅턴의 이러한 주장은 역사 연구의 단위는 민족국가가 아닌 문명사회라는 관섬에서 '문명 간의 遭遇'가 인류 역사의 흐름을 결정해 왔다고 제시하는 토인비의 史觀에 매우 가깝다. 토인비에 따르며 美國, 英國, 프랑스의 역사는 개별 국가가 아닌 西歐文明이라는 틀 속에 놓고 볼 때에만 제대로 이해될 수 있다는 것이다.

토인비의 단편적인 글들을 모은 「試鍊에 처한 文明」(Civilization on

144

Trial)은 우리 시대에 문명 간의 조우로 야기되는 혼란을 몇 가지 주제하에 분석하며, 인류의 미래를 우려하는 책이다. 50년 전에 나온 이 글들이 지금 이 시기의 관점에서 인류의 문제를 어떻게 파악하고 있는가는 보는 이에 따라 충격으로까지 느껴질 수 있다.

토인비는 20세기의 최대 사건을 서구문명이 非西歐문명들에 가한 충격이라고 파악하며, 다음 시대의 최대 주제는 非西歐문명들의 서구 문명에 대한 반격이 될 것이라고 예견한다.

바스코 다가마가 희망봉을 회항하기 이전에 존재하고 있던 모든 문명사회는 한결같이 자신들만이 유일한 문화세계이며, 그 바깥은 未開와 野蠻이 지배하는 사회라고 생각하고 있었다.

그 후 西歐文明은 나머지 모든 문명사회에 그들의 생활, 가치관, 신앙까지 변화시키는 엄청난 충격을 안겨주었다. 이러한 충격으로 非서구인들은 자신들만이 인류의 중심이라고 생각하는 편견에서 벗어날 수 있는 재교육을 받았다. 이제는 西歐문명만이 유일하게 아직도 자기 중심의 迷妄에서 벗어나지 못하고 있다.

토인비는 러시아의 社會主義가 西歐문명에 대한 반격의 제1탄이라고 표현하며, 다음 차례에 印度와 中國, 그리고 이슬람 세계 등의 반격은 더욱 무서운 힘으로 등장할 것이라고 예견한다.

19세기 이후 西歐에서 수입된 민족주의로 인해 분열된 이슬람 공동체가 다시 단합해야 한다고 주장하는 오늘날 이슬람 원리주의자들의 목소리는 이러한 반격의 序曲인지 모른다.

핵무기의 시대에 모든 문명이 자기중심의 미망에서 벗어나 상호 존중과 공존의 지혜를 배우지 않으면 인류의 미래는 매우 불안하다는 토인비의 전망은 무한 경쟁의 논리가 확산되고 있는 이 즈음 우리의 진지한 성찰을 새삼 요구한다.

[1995. 2]

이집트, 中東 진출 거점으로 부상
—韓·이집트 대사급 修交의 의미—

"나세르 통치 이래 사회주의 노선을 추구해 온 이집트가 지난 4월 우리나라와 修交하였다. 이로써 '나일 江의 선물' 이집트가 우리 기업들의 中東 및 아프리카 진출 거점으로 부상하고 있다. 수교를 계기로 이집트 경제를 살펴보고 이후의 韓·이집트 경제협력 가능성을 진단해 본다."

中東의 주요 국가인 이집트와 우리나라가 지난 4월 마침내 大使級 외교 관계를 수립하였다. 이에 따라 中東과 아프리카 진출을 도모하는 우리 기업들에게 향후 이집트의 중요성이 더욱 부각될 것으로 예상된다.

1952년 공화정 수립 이후 나세르(Nasser)의 영도 아래 사회주의 노선을 추구했던 이집트는 그 영향으로 北韓과의 관계가 긴밀해지면서 상대적으로 우리와는 거리를 두어 왔다.

非同盟 운동을 주도하면서 제3세계의 盟主를 자임해 온 이집트는 최근 경제력의 약화로 그 위상이 흔들리고 있기는 하나, 여전히 中東과 아프리카의 强國으로서 국제사회에서 중요한 역할을 하고 있다.

이집트와의 수교는 향후 우리의 對中東·아프리카 진출 심화를 위한 기반 구축에 큰 의미가 있는 것으로 평가된다.

∎ 아랍圈과 非동맹의 盟主

세계 最古 文明의 발상지임을 자랑하는 이집트는 현대에 들어와서도 국제사회에서 중요한 역할을 하여 왔다. 2차대전 이후 아랍연맹과 非동맹을 창설하는 데 주도적인 역할을 하면서, 中東과 아프리카의 지역 문제에 깊숙이 개입해 왔다.

100만㎢의 국토와 5,800만 명의 인구, 그리고 오랜 문화유산 등이 이집트의 이러한 역할을 뒷받침해 주었다. 여기에다 中東, 아프리카의 연결부에 자리 잡고 수에즈運河를 관할하는 전략적 위치까지 고려되어 이집트는 국제정치에서 언제나 중요한 나라로 대우받아 왔다.

그러나 최근 이집트의 이러한 위상은 경제력의 약화와 주위 환경의 변화 등으로 상당히 흔들리고 있다. 1798년 나폴레옹軍의 침공으로 西歐문명의 충격을 직접 경험한 이집트는 明治維新 이후의 日本보다 훨씬 앞서, 非西歐 세계에서 가장 먼저 근대화, 서구화의 기치를 내건 나라가 되었다.

그러한 노력에도 불구하고 200년이 경과하는 지금의 이집트 경제력은 참담한 수준에 있다. 1991년 기준 1인당 GNP는 610달러에 불과해 세계은행은 이집트를 低所得 국가군으로 분류하고 있다. 지난해 수출은 34억 달러로 10여 년 전의 실적과 거의 같다. 반면, 수입은 매년 수출의 2~3배에 달해 막대한 무역적자가 누적되어 왔다. 그 결과로 외채는 거의 GNP 수준까지 육박하고 있다.

이집트 경제의 이 같은 현실은 나세르의 사회주의 정책이 심어 놓은 경제구조의 모순과 네 차례에 걸친 이스라엘과의 전쟁이 가져다준 결과로 인식되고 있다. 군사혁명으로 왕정을 무너뜨리고 공화정을 수립한 나세르는 '복지국가'를 표방하면서 강력한 사회주의 정책을 시행했다.

全 산업을 국유화하고 모든 대학 졸업자를 종신 고용토록 하는 식의 사회주의 복지정책은 거대한 관료기구와 엄격한 통제경제를 낳았으며, 그 결과는 국영기업의 생산성 저하, 재정적자 확대 등으로 이어졌다.

나세르 死後 집권한 사다트(Sadat)는 1974년 문호개방 정책(Infitah)을 선언하고 자본주의 경제를 도입하려 했지만, 前時代의 유산에서 자유롭지 못했다. 여기에다 불과 25년 동안에 네 차례의 전면 전쟁을 겪으면서 이집트 경제는 지금의 침담한 양상으로 진락한 것이다.

제3세계의 盟主를 자임해 온 이집트의 위상은 이 같은 경제력 약화와 脫冷戰 이후 非동맹 운동의 위축 등으로 크게 흔들리고 있다. 여기에다 최근의 평화협상으로 이스라엘이 中東의 새로운 중심 국가로 떠오를 가능성이 커지면서 이집트의 위상은 더욱 도전을 받게 되었다.

▪ 경제구조 조정 계획 추진

최근 이집트 경제의 가장 중요한 현안은 IMF의 EFF(Extended Fund Facility) 자금으로 추진되고 있는 구조 조정 계획의 이행 문제이다. 이집트는 1991년 IMF와 세계은행의 후원 아래 전면적인 경제구조 조정에 착수하였다. 재작년 3월 이 계획의 1난계 작업이 마무리됨으로써, 9월부터는 2단계 작업이 착수되어 현재 추진되고 있다.

이 계획은 이집트 경제에서 사회주의 유신을 털어내고 완전한 시장경제의 도입을 목표로 하고 있다. 이를 위해 국영기업의 민영화, 환율·금리의 사유화, 보소금 삭감, 무역 사유화, 각종 규세의 완화 등 광범위한 개혁 정책이 추진되고 있다.

148

저소득 국가로 분류되는 이집트의 경제는 결코 그 잠재력을 무시할 수
없다. 영토, 인구 등을 고려할 때 이집트는 전통적으로 中東의 3大 주
요국의 하나이다. 사진은 애스원 하이댐과 무바라크 대통령.

이집트의 최근 경제동향

	단 위	1991	1992	1993	1994
GDP(經常)	억 달러	334	418	467	503
실질 성장률	%	1.1	4.4	1.0	1.5
1인당 GDP	달 러	619	758	827	873
인 구	만 명	5,392	5,516	5,649	5,760
수 출	억 달러	38.6	34.0	32.4	34.0
수 입	억 달러	98.1	89.0	99.2	107.0
경상수지	억 달러	19.0	28.1	23.0	16.0
외채 총액	억 달러	410.2	405.2	406.3	408.0
D.S.R.	%	16.4	15.6	15.2	18.9
환 율	파운드/달러	3.33	3.33	3.37	3.41
소비자물가 상승률	%	19.7	13.7	12.0	8.2

자료: EIU, *Country Report: Egypt*, 2nd Quarter 1995.

그런데 이집트 정부와 IMF 세계은행 측은 이 계획의 이행 속도를 놓고 계속 갈등을 빚고 있다. 이 문제는 파리클럽과 추진하고 있는 40억 달러 규모의 외채 상환 재조정 문제와도 연관되어 이집트 정부로서는 지대한 관심을 쏟고 있다.

주요 현안인 국영기업의 민영화 문제는 당초 금년 말까지 정부가 보유하고 있는 314개 국영기업 자산의 43%(92억 달러 상당)를 민간에 매각한다는 목표가 설정되었다. 그런데 작년 말까지 매각이 완료된 기업은 네 개에 불과해 목표에서 크게 차질을 빚고 있다. 이집트 정부와 IMF 측은 최근 당초 목표를 수정하는 데 서로 합의를 본 것으로 알려지고 있다.

이와 별도로 추진되고 있는 은행 민영화 작업도 당초 목표보다 1년 이상 지연되고 있다. 또한, 輸入關稅를 현재의 평균 70%에서 금년 말까지 50%로 인하한다는 계획 역시 이행이 불투명한 상태이다. 당초, 금년 7월 1일부터 관세를 10% 인하하기로 되어 있으나 실행이 어려울 것으로 전망되고 있다.

이처럼 구조 조정이 지연되고 있는 것은 급속한 변화에 따른 후유증에 대해 이집트 정부와 IMF 측이 기본적으로 인식을 달리하고 있기 때문이다. 여기에다 이집트 내 이해 당사자들의 대립, 관료의 부패 등이 결부되어 전반적인 이행 속도의 지연을 초래하고 있는 것이다.

이집트 경제는 최근에도 좋은 성과를 기록하지 못했다. 지난 3년 동안의 실질 성장률은 여간 2% 내외로 높은 인구 증가율을 따라가기에도 역부족이었다. 이것은 내외 요인이 복합적으로 작용한 결과이다.

産油國인 이집트 경제는 서유 수입과 수에즈運河 수입, 그리고 관광 수입과 해외 취업 노동자들의 송금 등 4대 재원에 크게 의존하고 있다. 그런데 최근 수년 동안에 이 같은 수입원들의 여건은 그다지 좋지 못했다.

이집트 경제는 석유 수입, 수에즈운하 수입, 관광 수입, 해외 취업 노동자들의 송금 등 4대 재원에 크게 의존하고 있다.

우선 油價가 전반적으로 약세 기조에 있었던 데다 국내 政情不安으로 관광 수입이 계속 줄어들었다. 여기에다 1991년 걸프戰을 전후해 쿠웨이트 등지에 취업했던 노동자들이 대거 송환됨으로써 송금 수입 역시 치명적으로 줄어들었다.

이집트는 최근 中部 아시우트(Asyut) 지역을 중심으로 이슬람 근본주의자들의 소요가 격화됨으로써 큰 어려움을 겪고 있다. 이 영향으로 관광 수입이 계속 줄어들고 對外 信認度가 하락하여 경제운용에도 상당한 차질을 빚고 있다.

▪ 對中東 · 아프리카 진출 심화 기반 구축

이집트는 1963년 北韓과 대사급 외교 관계를 수립하였으나 우리나라와는 1962년 이후 최근까지 총영사 관계에 머물러 왔다. 70년대 중반 이후 우리의 中東 진출이 붐을 이루면서 이집트와의 경제협력도 활발해졌으나, 외교 관계에서는 계속 北韓에 뒤진 상태로 있었던 것이다.

이집트는 현재 우리의 협력 파트너로서는 경제 면에서보다 정치·외교적인 면에서 더욱 비중이 큰 나라이다. 그러나 이집트의 경제적 잠재력은 결코 무시할 수 없다. 영토와 인구를 고려할 때 이집트는 이란, 터키와 함께 中東의 전통적인 3大 주요국으로 평가된다. 광대한 영토에서 나는 풍부한 산물에 매료되어 일찍이 헤로도토스는 이집트를 '나일 江의 선물'이라고 표현한 바 있다.

식료품을 사기 위해 줄을 서 있는 이집트人들. 경제적인 면에서 볼 때 이집트는 우리가 얻을 수 있는 것보다 주어야 할 것이 며 많은 나라이다.

특히, 中東과 아프리카의 연결부에 위치하면서 유럽을 가까이하고 있는 지정학적 위치는 정치적으로뿐만 아니라 경제적으로도 이집트의 가치를 높여주고 있다. 中東·아프리카 진출을 모색하는 기업들이 이집트를 일차적인 기점으로 고려하는 것은 결코 우연한 일이 아니다.

이러한 잠재력과 여건을 고려할 때 우리가 이집트에 대한 진출 기반을 굳건히 하는 것은 中東과 아프리카 전체를 바라보는 거시적인 안목에서 상당히 중요하다. 이런 점에서 이번의 외교 관계 정상화는 큰 의미를 가진다고 할 수 있을 것이다.

그러나 외교 관계가 정상화되었다고 해서 우리가 경제협력 면에서 당장에 큰 실익을 기대할 만한 요인은 없다. 우리의 對이집트 진출은 기존의 외교 관계에서도 활발히 추진되어 왔기 때문이다.

지난해 우리의 對이집트 수출은 3억 5,439만 달러, 수입은 1억 5,910만 달러를 기록해 우리가 약 2억 달러의 무역흑자를 시현했다. 양국 간의 무역은 90년대 들어와 매우 빠른 속도로 늘어나고 있다. 두 나라 간의 경제 현안은 우리의 무역흑자를 시정하는 일이라고 할 수 있다.

경제면에서 보면 이집트는 우리가 얻을 수 있는 것보다 주어야 할 것이 더 많은 나라라고도 표현할 수 있다. 향후 우리의 對이집트 진출은 EDCF 제공 등 적절한 경제협력 수단을 수반하면서 이루어져야 할 것이다. 특히, 이집트의 지정학적 위치를 활용할 수 있는 투자 진출의 확대에 많은 관심을 가져야 할 것이다.

[1995. 6]

산유국 경제가 중심인 중동경제

올해의 중동경제는 하반기 이후 유가의 하락 전망과 아랍·이스라엘 평화협상의 불안정 등으로 지난해에 비해 다소 위축될 전망이다. 그러나 이라크의 국제 석유시장 복귀로 일정 부분 특수(特需)가 예상되고, 걸프협력위원회(The Gulf Cooperation Council: GCC) 산유국들의 경제가 안정적인 기조를 보이고 있어 경기 하락폭이 그렇게 크지는 않을 것으로 예상된다.

지난해 중동경제는 국제유가의 안정세에 힘입어 94년의 침체에서 확연히 벗어났다. 94년 중 2%대의 성장에 머문 중동경제는 95년 4%대의 성장을 달성한 것으로 추정된다. 그러나 금년에는 유가가 보합세에서 하반기 이후 하락세로 돌아서면서 중동경제에도 경기하락 요인으로 작용, 연말까지 지역 전체의 성장률은 지난해보다 다소 낮은 3~4% 수준을 기록할 것으로 예상된다.

94년 상반기 중 한때 배럴당 13달러까지 떨어져 8년 만의 최저수준을 기록했던 국제유가는 94년 하반기부터 회복세를 보여 지난해에는 대체로 17~8달러 선에서 안정적인 움직임을 보였다. 이에 따라 산유국 경제가 중심을 이루는 중동경제는 전반적으로 전년의 침체에서 벗어나 활력을 얻었다.

우선 역내 최대 산유국의 사우디아라비아는 94년에 마이너스 성장했으나 95년에는 2% 이상의 성장을 달성한 것으로 추정된다. 사우디의 산유량은 94년 중 하루 평균 809만 배럴에서 95년에는 820만 배럴 수준으로 증가했다. 이와 함께 재정과 국제수지 적자 해소를 위한 구조 조정 노력이 어느 정도 성공을 거두면서 향후 경제운용에도 여유가 생기게 되었다.

이 같은 상황은 아랍에미리트연합(UAE), 쿠웨이트, 오만, 카타르, 바레인 등 GCC의 6개 산유국에서 거의 모두 비슷하게 나타나고 있다. 이들 국가들은 91년의 걸프전쟁 이후 전비 부담에 따른 국제수지 악화로 최근 수년 동안 거시적인 구조 조정 압력을 받아 왔다. 그러나 최근에는 그동안의 구조 조정 노력과 유가안정에 힘입어 이러한 상황에서 상당히 벗어나게 되었다.

석유의존도가 매우 높은 중동경제에서 주요 산유국 집단인 GCC 경제의 동향은 곧바로 중동경제 전체의 움직임을 측정하는 가늠자가 된다고 할 수 있다. 그러므로 금년의 중동경제는 이들 GCC 국가의 안정을 바탕으로 어느 정도 지난해의 회복세를 이어갈 것으로 보인다.

중동 주요국 경제동향과 전망

	인 구	GDP	경제성장률(%)		
	(萬名, 1993)	(億 달러, 1993)	1994	1995	1996
사우디아라비아	1,710	1,883	−0.4	2.5	2.1
아랍에미리트연합	182	355	−1.0	3.1	3.3
쿠웨이트	178	234	1.0	4.4	4.3
바레인	54	45.5	1.0	3.5	4.0
이 란	6,100	553	1.0	2.5	2.1
이라크	1,945				
이집트	6,032	391	2.5	2.3	3.5
이스라엘	505	727	8.0	6.7	4.3

자료: WEFA의 각종 자료 종합

그러나 금년 6월 이라크의 국제 석유시장 복귀로 석유공급 과잉 우려가 나타나고 있어, 하반기부터 산유국 경제의 전체적인 경기는 다소 위축될 전망이다. 1990년 이후 UN에 의해 전면적인 수출금지 조치를 당해 왔던 이라크의 석유수출 재개는 중동경제에 양면의 효과를 가져올 것으로 예상된다.

우선 이라크가 석유수출국기구(OPEC)의 주요 국가라는 점에서 이라크의 본격적인 수출 재개는 곧바로 석유공급의 과잉과 유가하락으로 이어져 다른 산유국 경제에 부정적인 영향을 가져다줄 것이다. 그러나 오랫동안 국제사회에서 완전히 고립되었던 이라크가 경제활동을 정상화한다면 이라크와 그 주변 국가들의 경제에는 상당한 특수가 발생할 가능성이 크다. 현재 UN에 의해 허용된 이라크의 수출 재개는 한시적인 것이지만, 이것이 완전한 금수조치 해제로 이어지는 중요한 계기가 될 수도 있다는 점을 주목해야 할 것이다.

한편 금년 6월 시행된 이스라엘의 총선 결과는 향후의 중동경제 전망을 어둡게 만드는 요인으로 대두하였다. 아랍과의 평화협상에 반대해 온 리쿠드당이 평화협상을 추진해 온 노동당을 제치고 제1당이 됨으로써 평화협상의 전망이 전반적으로 불투명하게 된 것이다.

석유의존도가 높은 중동경제는 주요 산유국 집단인 GCC 경제의 영향을 많이 받는다.

지난 2년 동안 평화협상은 이스라엘, 팔레스타인, 레바논, 시리아, 요르단 등 관련 국가의 경제에 상당히 긍정적인 효과를 가져다준 바 있다. 이제 리쿠드당의 집권으로 그동안 추진해 온 평화협상이 중단 또는 무산되는 경우가 생긴다면 모처럼 활성화 계기를 맞았던 이들 국가의 경제는 다시 크게 위축될 것이다.

국제사회의 강력한 지원에 힘입어 추진되어 온 평화협상이 일시에 중단되기는 어려울 것으로 보이지만, 팔레스타인 독립국가 건설에 이르는 최종 협상의 타결은 더 이상 기대하기 어려울 것이라는 전망도 현재로선 유력하다.

이 밖에 이란, 리비아, 이집트, 알제리 등 다른 주요 산유국들은 지난 수년 동안 경제를 불안하게 만들어 온 대내외적 요인들이 전혀 해결되지 않은 상태로 있어 금년 역시 경기가 별달리 활성화되기는 어려울 것으로 보인다.

전체적으로 요약한다면 금년의 중동경제는 GCC 경제가 현상을 유지하는 가운데, 전반적으로 지난해에 비해 경기가 하강하는 추세로 들어설 전망이라 할 수 있다.

[1996. 6]

중동지역 최대 시장 GCC

GCC는 걸프협력위원회(The Gulf Cooperation Council)의 약자로 걸프만(The Gulf)을 끼고 있는 아라비아반도의 6개 아랍 산유국들이 1981년 5월에 결성한 지역협력기구의 이름이다. 이들 6개 산유국은 사우디아라비아, 아랍에미리트연합, 쿠웨이트, 카타르, 바레인, 오만 등이다.

이들 6개국은 일단 아랍어를 사용하고 이슬람교를 국교로 하는 동일민족국가라는 점 이외에도 정치, 경제적으로 매우 유사한 구조를 지니고 있다. 우선 정치적으로는 6개국이 모두 세습 왕정체제를 유지하고 있다. 경제적으로는 6개국 모두 석유를 수출하는 부자 나라들이다.

이 같은 공통적 특성과 지리적으로 인접해 있다는 여건을 고려, 20개가 넘는 아랍민족국가들 가운데서도 자기들만의 협력기구를 따로 만들어 보자고 해서 만든 기구가 GCC인 것이다.

GCC란 이름 가운데 들어 있는 걸프만은 과거 페르시아만이라고 불렀던 바다를 의미하나, 아랍 사람들은 민족적으로 다른 페르시아(오늘날의 이란)란 이름을 사용하기 싫어해 그냥 걸프만이라고 부른다.

GCC 결성의 직접적인 계기가 된 것은 1970년대 말~80년대 초 걸프만 주변에서 발생한 일련의 정치적 불안이었다. 1979년 2월 이란의 혁명에 따른 왕정붕괴, 1979년 12월 구소련의 아프가니스탄 침공, 1980년 9월 이란과 이라크 간의 전쟁 발발 등 일련의 긴박한 사건들에 대해 공동의 대응책을 모색하자는 차원에서 GCC 결성이 추진되었던 것이다.

GCC의 6개 회원국은 모두 경제력에 비해 인구가 아주 적어 기본적인 자체 방위 능력이 취약한 나라들이다. 가장 큰 사우디아라비아의 인구가 1천7백만 명 수준이고 나머지 5개국은 모두 200만 명 이하로서, 6개국을 다 합쳐도 우리나라의 인구에 못 미치는 소국들인 것이다.

그러니 만큼 작은 나라들이 힘을 합쳐 공동의 안보력을 높이자는 취지에서 GCC 결성이 추진된 것으로 볼 수 있다. 실제로 이들 6개국은 공동방위군을 편성하고 있으며, 1991년 걸프전쟁 시에는 이라크를 상대로 합동 군사작전을 펼치기도 했다.

GCC는 6개 주요 산유국이 결성한 지역협력기구다.

그러나 GCC는 결성 이후 한동안 그 활동의 중점을 정치, 군사적인 측면보다 경제협력에 두어 왔다. 1982년에는 통일경제협정을 조인하여 이후 6개국의 역외관세를 통일했고, 6개국 간의 인력, 상품, 자본 등의 이동을 거의 자유롭게 했다. 한마디로 유럽의 경제통합을 모델로 한 시장통합을 추진해 온 것이다.

GCC의 6개국은 해마다 각국을 돌면서 정상회담을 개최하고 있다. 초기에 경제통합에 역점을 두어 왔던 GCC의 활동은 걸프전쟁 이후 공동 방위력의 증강에 보다 많은 관심을 두는 쪽으로 바뀌고 있다. 돈 많은 부자 나라들인 GCC 6개국은 중동지역에서 우리의 최대 시장이기도 하다.

[1996. 6]

· 저자 ·

주동주   · 약 력 ·
(朱東柱)   한국외국어대학교 아랍어과(1982)를 졸업하면서 정치학을 부전공으로 공부
          하였다. 이후 한국외국어대학교의 경영학 석사(1982), 영국 맨체스터대학교
          의 국제개발학 석사(1999), 박사(2004)를 취득하였다. 1984년 국책연구기관
          인 산업연구원(KIET)에 입사한 이래 중동경제를 중심으로 개발도상국문제
          를 연구해오고 있으며, 현재는 산업연구원의 국제산업협력실에 연구위원으
          로 근무하고 있다. 그동안 중동과 개발도상국 문제에 관해 많은 저술을 냈
          으며, 우리 정부와 기업의 대중동 진출 및 개도국 진출 전략수립에 다양한
          자문활동을 해왔다.
          (Email: djjoo@kiet.re.kr)

          · 주요논저 ·
          『개혁의 정치경제학: 1990년대 이집트의 구조조정정책을 중심으로』, 한국학
          술성보(2007)
          『고유가 시대의 대중동 산업협력전략: FTA와 플랜트 수출을 중심으로』,
          산업연구원(2006)
          『신흥경제대국 BRICs와 한국경제』, 산업연구원(2005)
          『한 · 인도 투자 확대를 위한 투자환경 분석 및 투자기업 지원방안』, 산업
          자원부 용역보고서(2005)
          외 다수

중동 아프리카 경제 자료집 Ⅲ
1993-1996

· 초판 인쇄 | 2007년 12월 31일
· 초판 발행 | 2007년 12월 31일

· 지 은 이 | 주동주
· 펴 낸 이 | 채종준
· 펴 낸 곳 | 한국학술정보(주)
           경기도 파주시 교하읍 문발리 513-5
           파주출판문화정보산업단지
           전화 031) 908-3189(대표) · 팩스 031) 908-3189
           홈페이지 http://www.kstudy.com
           e-mail(출판사업부) publish@kstudy.com
· 등   록 | 제일산-115호(2000. 6. 19)
· 가   격 | 11,000원

ISBN 978-89-534-8003-2 94330 (Paper Book)
      978-89-534-8004-9 98330 (e-Book)
ISBN 978-89-534-8007-0 94330 (Paper Book set)
      978-89-534-8008-7 98330 (e-Book set)